DIE MAFIAFAMILIE GENOVESE

Die Gesamte Geschichte Der Mafiafamilie Aus New York.

MAFIA LIBRARY

© Copyright 2022 Mafia Library - Alle Rechte vorbehalten

Der Inhalt dieses Buches darf ohne direkte schriftliche Genehmigung des Autors oder des Herausgebers weder reproduziert, vervielfältigt noch übertragen werden.

Unter keinen Umständen dürfen Herausgeber oder Autor für Schäden, Wiedergutmachung oder finanzielle Verluste, welche direkt oder indirekt auf die in diesem Buch enthaltenen Informationen zurückzuführen sind, haftbar gemacht werden.

Rechtliche Hinweise:

Dieses Buch ist urheberrechtlich geschützt und ausschließlich für den persönlichen Gebrauch bestimmt. Ohne die explizite Zustimmung des Autors oder Herausgebers sind Sie nicht dazu befugt den Inhalt dieses Buches, weder ganz noch teilweise zu verändern, weiterzuvertreiben, zu verkaufen, kommerziell zu verwenden, zu zitieren oder zu paraphrasieren.

Haftungsausschluss:

Bitte beachten Sie, dass die in diesem Dokument enthaltenen Informationen ausschließlich zu Bildungs- und Unterhaltungszwecken vorgesehen sind. Es wurden alle Anstrengungen unternommen, um präzise, aktuelle, zuverlässige und vollständige Informationen darzulegen. Garantien jeglicher Art werden dennoch weder explizit noch impliziert übernommen. Der Leser erkennt hiermit an, dass der Autor keine rechtliche, finanzielle, medizinische oder professionelle Beratung anbietet. Der Inhalt dieses Buches wurde aus verschiedenen Quellen entnommen. Bitte konsultieren Sie einen autorisierten Experten, bevor Sie die in diesem Buch beschriebenen Techniken selbst ausprobieren.

Durch die Lektüre dieses Dokuments erklärt sich der Leser damit einverstanden, dass der Autor unter keinen Umständen für direkte oder indirekte Verluste verantwortlich gemacht werden kann, die durch die Verwendung der in diesem Dokument enthaltenen Informationen entstehen. Dies betrifft einschließlich, aber nicht ausschließlich Fehler, Auslassungen oder Ungenauigkeiten.

INHALT

Einleitung..1

Kapitel 1 : *La Cosa Nostra* 9
    Die Sizilianischen Ursprünge 10
    Die *Omertà* 13
    Die Arbeiterschaft Und Die Mafia................................16
    Die Hierarchie 19

Kapitel 2 : Die Anfänge 23
    Der „107th Street Mob" 23
    Das Bündnis Und Die Verhaftung................................25
    Der Mafia-Camorra-Krieg...28
    Die Prohibition Und Der Castellammarese-Krieg.......34

Kapitel 3 : Die Ära Von „Lucky" Luciano 43
    Die Fünf Familien 43
    Die Kommission..50
    Schwindendes Glück...58

Kapitel 4 : Don Vito..67
    Der Neapolitanische Don...67
    Das Exil...78
    Die Rückkehr Nach New York....................................87

 Endlich Hinter Gittern 98

Kapitel 5 : Der Weg Zum Rico-Gesetz 103
 Die Valachi-Anhörungen Und Das Ende Der *Omertà* 103
 Die Kreuzritter 105
 Die Ära Der „Front Bosses" 108
 Das Rico-Gesetz 110

Kapitel 6 : Vincent „The Chin" Gigante & Die 80er Jahre 113
 Die Expansion 113
 Vincent „The Chin" Gigante 116
 Rudy Giuliani Und Die Mafia-Anklagen 119
 Der Untergang Von Vincent Gigante 122

Kapitel 7 : Die Mafia Im Neuen Jahrtausend 127
 „The Chin" Im Gefängnis 127
 Die Endgültige Zerschlagung 130
 Die Mafiafamilie Genovese Der Gegenwart 133

Das Fazit 139

Quellen 143

EINLEITUNG

Als im Jahr 1972 Francis Ford Coppolas Film *Der Pate* in den Kinos anlief, rückte die Präsenz der nordamerikanischen Mafia zurück in das kollektive Bewusstsein Amerikas. *Der Pate* zeigt sowohl eine romantisierte als auch zugleich brutale Darstellung dieser italo-amerikanisch geprägten, kriminellen Subkultur und beschreibt tatsächlich das, woran die meisten Menschen denken, wenn sie den Begriff „Mafia" hören. Seit dem Erscheinen dieses Films wurden unaufhörlich weitere Publikationen, die sich mit der Mafia beschäftigten, veröffentlicht. Dies geschah mit konstant verlässlichem Erfolg und beweist, welch umfassenden Einfluss die Kultur der nordamerikanischen Mafia auf die amerikanische Pop-Kultur genommen hat. Von *„Goodfellas"* bis *„Die Sopranos"*, von „Donnie Brasco" bis „Casino" oder auch von „Die Unbestechlichen" bis hin zu „The Irishman" - die Darstellung des Mafialebens scheint zu den verlässlichsten Erfolgsrezeptem im Kino zu gehören. Man könnte auch sagen: Millionen von Menschen weltweit sind fasziniert vom organisierten Verbrechen im Stile der Mafia.

Die Annahme, dass das Mafiawissen der Menschen aus Leinwand-Erzählungen entspringt, ist durchaus zutreffend. Dieses Wissen basiert auf dramatisierten Nacherzählungen von Geschichten, welche von wirklichkeitsgetreuen Adaptionen bis hin zu komplett fiktionalen Werken reichen können. Was aber macht die Mafia außerhalb aller Leinwand-Darstellungen aus? Was hat sie eigentlich bewirkt, um so viel internationale Aufmerksamkeit und weitreichendes Interesse auf sich zu ziehen? Wie konnte die Mafia überhaupt so mächtig werden, dass sich verschiedene Strafverfolgungsbehörden gemeinsam daran machten, diese italo-amerikanische Subkultur vollständig beseitigen zu können? Und vor allem: Wie genau hat die Mafia eigentlich im Detail funktioniert? Nun, der beste Weg, um diese Fragen beantworten und die wohl einflussreichste amerikanische Verbrechenskultur beleuchten zu können, besteht darin, die vielleicht einflussreichste Organisation innerhalb dieser Subkultur unter die Lupe zu nehmen - *die Mafiafamilie Genovese.*

Die Familie Genovese, benannt nach dem berühmten neapolitanischen Gangster Vito Genovese, ist eine der ältesten Mafiafamilien in den Vereinigten Staaten. Die Wurzeln der Genoveses lassen sich bis zu einem der ersten bekannten Mafiosi (also Mitglieder der Mafia), die einst aus der alten Welt eingewandert waren, zurückverfolgen: Der sizilianische Mafioso Giuseppe „Die Klauenhand" Morello. Beginnend mit den bescheidenen Anfängen des überschaubaren „107th Street Mob" in East-Harlem, wurde Morello der erste aus einer ganzen Reihe von legendären Mafiabossen, welche die Genovese-Familie kontrollieren sollten. Dazu zählten auch Charles „Lucky" Luciano, Vincent „The Chin" Gigante und Vito Genovese selbst. Seit den 90er Jahren des 19. Jahrhunderts hatte sich die Organisation kontinuierlich an die Spitze der Unterwelt hochgearbeitet und damit den Ruf als eine der mächtigsten und beständigsten Kräfte des organisierten Verbrechens erlangt. Heute macht die Genovese-Familie etwa ein Fünftel der New Yorker Mafia aus und zählt zu den berüchtigten „Fünf Familien von New York", zu denen auch die Familien der Luccheses, Bonannos, Gambinos und Colombos gehören. Trotz des massiven staatlichen Vorgehens der vergangenen Jahrzehnte gegen das organisierte Verbrechen, ist die Genovese-Familie bis heute die wohl mächtigste amerikanische Verbrecherorganisation geblieben.

Vito Genovese selbst, der Namensgeber der Organisation, war maßgeblich daran beteiligt, den Platz der Familie an der Spitze der kriminellen Subkultur zu manifestieren. Einst wurde Vito nördlich der süditalienischen Stadt Neapel geboren und wanderte dann im Alter von 15 Jahren mit seiner Familie in die Vereinigten Staaten aus, die sich in der italienischen Community von Little Italy in New York City niederließ. Seine Karriere begann dann als Kleinkrimineller und Dieb. Schließlich fand er sich in der Gesellschaft der aufstrebenden Gangster Lucky Luciano und Frank Costello wieder, zweier Männer, welche die Geschichte der Genovese-Familie erheblich mitprägen sollten. Nun hatten die drei Männer damit begonnen, für das mächtige Oberhaupt Joe Masseria zu arbeiten, der zu dieser Zeit zufällig jene Organisation kontrollierte, die eines Tages Vitos Namen übernehmen sollte. Hierdurch wurden sie zu Faktoren im geschichtsträchtigen und wegentscheidenden Castellammarese-Krieg, einem Konflikt, der die Welt der Mafia nachhaltig verändern sollte.

Nun, da Vito die Kontrolle über Giuseppe Morellos frühere Straßengang übernahm, war er bereits zu einem etablierten Anführer ohne Skrupel, der sich den Respekt der Menschen um ihn herum verschaffte, herangewachsen. Auch abgesehen davon führte Vito ein unglaublich bemerkenswertes Leben. Von seinen

Anfängen als örtlicher Gauner, über seinen Aufstieg zum Stellvertreter des legendären „Lucky" Luciano, bis hin zum Boss selbst, hatte sich Vito Genovese als unglaublich opportunistischer Gangster entpuppt, der in jeder nur denkbaren Situation auf kriminelle Weise mitverdienen wollte. Als er während des Zweiten Weltkriegs aus den USA geflohen war, um einer Anklage entgehen zu können, profitierte er, indem er sich mit beiden Kriegsparteien verbündete, zunächst mit den Achsenmächten und später mit den Alliierten. Als man ihn schließlich in die USA ausgeliefert hatte, gelang es Vito erneut, sich der Strafverfolgung zu entziehen. Er übernahm sogar wieder die Kontrolle über die Familie, um letztlich aber doch noch in die Fußstapfen vieler Mafiabosse vor und nach ihm treten zu müssen. Schließlich wurde er gefasst, verurteilt und ins Gefängnis gesteckt, wo er den Rest seines Lebens verbringen sollte. Obwohl Vito längst verstorben ist, ziert sein Name auch heute noch die gleichnamige Mafiafamilie, was als Beweis für den bleibenden Einfluss von Vito Genoveses Vermächtnis auf die italo-amerikanische Mafia-Subkultur gewertet werden kann.

Der Grund für die Fokussierung auf die Familie Genovese scheint also klar, doch die Frage bleibt dennoch: Warum finden wir die Subkultur der Mafia überhaupt so interessant? Der Grund hierfür liegt sicherlich nicht in den Verdiensten und Taten von Vito Genovese selbst oder seiner Organisation verborgen. Um diese Frage also beantworten zu können, müssen wir uns wieder dem Beginn dieser Einleitung zuwenden - dem Mafia-Epos aus dem Jahre 1972. *Der Pate*, wie auch seine Fortsetzungen, präsentieren dem begeisterten Publikum eine dramatische und höchst theatralische Geschichte der amerikanischen Mafia. Diese Filme haben das Prinzip des moralischen „Ehrenkodex" der Mafia romantisiert zugespitzt und dabei ein sowohl verlockendes als auch faszinierendes Bild des organisierten Verbrechens gezeichnet, das sowohl akkurat als auch gleichermaßen fiktiv ist. Dem so genannten „Ehrenkodex" der Mafia mag zwar eine reale Existenz zugrundeliegen, doch ist dieser äußerst flexibel und in der Praxis meist gar nicht angewandt worden. Wenn es um Verbrecherorganisationen geht, die buchstäblich über Leichen gehen, dann ist für Moral und Loyalität eben nur wenig Platz, wie wir in späteren Kapiteln noch sehen werden. Obwohl die Grundidee der Loyalität in der Mafia-Subkultur verherrlicht wurde, gehören tatsächlich Verrat und Betrug zu den Hauptbestandteilen des organisierten Verbrechens der Mafia. Ungeachtet aller cineastischer Auswirkungen lässt es sich kaum leugnen, dass jede komplexe Organisation, deren Macht so unverhältnismäßig wachsen konnte, die einem dramatischen Traditionalismus und dem Hang zu sensationellen Verbrechen zugeneigt ist, zwangsläufig zum Thema des Masseninteresses werden musste. Aus diesem Grunde müssen wir uns nun der Frage zuwenden, wie es möglich wurde, dass die Mafia einen solchen Stellenwert erobern konnte?

Das der Mafia zugrundeliegende Konzept ist zwar komplex, aber dennoch nicht schwer zu verstehen. Die Mafia arbeitete jahrzehntelang im Untergrund und unterlag dabei einem strengen Schweigegebot. Während der Anfangsjahre waren die Familien in klar definierten Hierarchien und Rängen organisiert, vom „Boss der Bosse", bis hin zu den niederen Verbündeten (*Associates*). Letztere waren jedoch keine „Made Men" (Vollmitglieder), standen folglich auch nicht unter dem Schutz der Organisation, machten dennoch aber oft den Großteil der Anhängerschaft einer bestimmten

Organisation aus. Dazu zählten auch Nicht-Italiener, die laut Mafiakodex nicht offizielles Vollmitglied einer Mafiafamilie werden durften. Diesen Organisationen lassen sich zahlreiche Straftaten zuordnen, darunter Erpressung, Raub, Prostitution, Glücksspiel, Drogenhandel, Schmuggel und vieles mehr. Da mafiöse Organisationen inhärent opportunistischer Natur sind, nutzen sie in der Regel auch jegliche Einnahmequellen illegaler Marktstrukturen für sich aus. Die Prohibition eröffnete dem organisierten Verbrechen beispielsweise letztlich nur neue Märkte für die Herstellung, den Schmuggel und den Handel mit gefragten Gütern. Die Etablierung legalen Glücksspiels ermöglichte vergleichbar vielversprechende Möglichkeiten, insbesondere für die Genovese-Familie und obwohl manche den Drogenhandel ablehnten, war die Mafia dennoch maßgeblich am Aufbau des internationalen illegalen Drogenhandels beteiligt. Die Kombination bestimmter Machtstrukturen mit der Bereitschaft, illegale Märkte zu bedienen, ermöglichen letztlich die Etablierung des organisierten Verbrechens im Stil der Mafia und deren beständigen Einfluss in der amerikanischen Unterwelt.

Kurz gesagt, die Geschichte der italo-amerikanischen Mafia ist eine, die es wert ist, erzählt zu werden! Die italo-amerikanischen Mafiafamilien mit Ursprung in Sizilien begannen oft als lose Zusammenschlüsse von Einwanderern aus bestimmten Regionen Italiens (die „Mafia" aus Sizilien, die „Camorra" aus Kampanien, die „Ndrangheta" aus Kalabrien usw.). Bezogen auf Amerika wurde die Mafia zu einem Vehikel, um in einer Zeit erheblicher anti-italienischer Bigotterie wirtschaftliche und soziale Sicherheit zu erlangen. Als es der Mafia schließlich gelang, Monopole in bestimmten illegalen Märkten zu bilden und die Macht der Organisationen weit genug anwuchs, um auch politisch Einfluss nehmen zu können, unternahm die Regierung der Vereinigten Staaten schließlich den Versuch, das italo-amerikanisch geprägte organisierte Verbrechen vollständig zu beseitigen. Durch eine aggressive Spionagestrategie und die Gewinnung von Zeugen wurde die amerikanische Mafia dezimiert und zu einem Schatten ihrer einstigen Macht degradiert. Dennoch besteht sie bis zum heutigen Tage fort, einschließlich der mächtigsten aller fünf Familien, die einst von Giuseppe Morello noch vor Beginn des zwanzigsten Jahrhunderts gegründet worden war. Dieses Buch beschreibt den Aufstieg der Genovese-Familie, ihren Höhepunkt der Bedeutung unter der Herrschaft von Don Vito und ihren Werdegang am Rande der amerikanischen Gesellschaft.

KAPITEL 1

LA COSA NOSTRA

Bevor wir mit der Geschichte der Genoveses im Besonderen beginnen, ist es hilfreich, zunächst das zugrundeliegende Konzept und die Ursprünge der Mafia im Allgemeinen verstehen zu lernen. Dazu müssen wir bis ins 19. Jahrhundert nach Süditalien zurückgehen, wo die ersten losen Zusammenschlüsse von Sizilianern entstanden, die später als „Mafia" bekannt wurden. Ursprünglich sollten diese Organisationen in einer Phase der Unruhe eine reale soziale Funktion erfüllen, doch entwickelten sie sich im weiteren Verlaufe zu internationalen Konzernen weiter, welche mit den einstigen Anfängen nichts mehr gemein hatten. Jene Moralvorstellungen, welche die moderne italo-amerikanische Mafia für sich beansprucht, stammen ebenso wie die strenge Hierarchie, die konzipiert wurde, um die Befehlskette innerhalb der Strukturen aufrechtzuerhalten, von den Ursprüngen der Mafia in der alten Heimat ab. Diese Strukturen sind der Schlüssel zum Verständnis der Funktionsweise der Genovese-Familie. In diesem Kapitel beleuchten wir die Grundlagen, Ursprünge, Verhaltenskodexe und die Strukturen dieser Organisationen.

Die Sizilianischen Ursprünge

Da es sich bei der Mafia in Sizilien um eine maximal im Verborgenen operierende Organisation handelte, die keine Aufzeichnungen über ihre Aktivitäten führte, sind ihre Ursprünge nur schwer nachzuvollziehen. Dennoch lässt sich aus unserem heutigen Wissen über die Anfänge der Mafia so einiges ableiten, was uns in Bezug auf die Art der Organisation, mit der wir es hier zu tun haben, ein klares Bild rekonstruieren lässt. Nachdem Sizilien im 19. Jahrhundert ein Teil Italiens geworden war, erlebte die kleine Insel eine von gesellschaftlicher Instabilität geprägte Zeit. Landbeschlagnahmungen, die Abschaffung bestimmter traditioneller Bräuche sowie die Einführung marktwirtschaftlicher Strukturen führten zu einer drastischen Veränderung der Lebensweise der Sizilianer. Die zunehmende Verbreitung privaten Eigentums führte unweigerlich zu einem Anstieg der Kleinkriminalität und der Diebstahldelikte, was durch das Fehlen einer offiziellen Strafverfolgung auf der Insel nur noch verstärkt wurde.

Da die neue Regierung nur wenig für die Eindämmung der zunehmenden Eigentumsdelikte tat, begannen die örtlichen Eliten (die sich bereits an privatbeschäftigte Sicherheitskräfte gewöhnt hatten) damit, Männer anzuwerben (von denen viele selbst kriminell gewesen waren). Diese sollten als eine Art Pseudo-Bürgerwehr fungieren. Die fast ausschließlich im westlichen Teil der Insel ansässigen Gruppierungen werden von bekannten Mafiaforschern wie Salvatore Lupo oft als „Proto-Mafia" bezeichnet, da sie verschiedene Eigentumsdelikte und Streitigkeiten verhindern und lösen sollten. Die Anführer dieser Bürgerwehren hatten üblicherweise Anspruch auf einen bestimmten Prozentsatz der wiedererlangten Waren, was als Vorläufer bekannter Erpressungstaktiken der Mafia gilt. Ironischerweise nahm die Mafia also höchstwahrscheinlich als Ersatz für die staatliche Strafverfolgung ihren Anfang. Nach der offiziellen Abschaffung des Feudalsystems wurden diese „Proto-Mafia"-Gruppierungen zum Symbol für die Beibehaltung feudaler Strukturen im westlichen Sizilien.

Noch bevor die Mafia der breiten Öffentlichkeit überhaupt ein Begriff geworden war, war es eine gemeinhin anerkannte Tatsache, dass eine Verbundenheit mit kriminellen Strukturen eine Grundvoraussetzung war, um im westlichen Teil der Insel Erfolg haben zu können: „Es gab hierzu keine Alternative: Um das eigene Leben und das Eigentum verteidigen zu können, war man gezwungen, die Gunst von Räubern zu suchen" (Lupo, 2009). Der Begriff „Mafia" tauchte jedoch erstmals um das Jahr 1860 auf (der Begriff *Camorra*, welcher später zum Synonym für die organisierte Kriminalität Neapels wurde, ist wesentlich älter). Zum ersten Mal fand das Wort kurze Zeit später in einem Polizeibericht Erwähnung, welcher sich auf eine Organisation bezog, die von Antonino Giammona in den 70er Jahren des 19. Jahrhunderts in der Stadt Palermo geführt wurde. Giammona war, wie die meisten anderen sizilianischen Mafiosi auch, ins politische Geschehen eingebunden. Hier sehen wir eine weitere von der italo-amerikanischen Mafia implementierte Tradition - kriminelle Drahtzieher, die sowohl in der Politik als auch in der organisierten Kriminalität involviert und vernetzt sind. Nach 1860 nutzte dann die italienische Zentralregierung die Mitglieder der Mafia intensiv für ihre strenge, autoritäre Machtausübung auf Sizilien.

Inwiefern die italo-amerikanische Mafia überhaupt als eine Erweiterung dieser sizilianischen Organisationen angesehen werden sollte oder ob sie als eine völlig eigenständige Struktur zu betrachten ist, ist umstritten. Berücksichtigt man die Tatsache, dass ein Großteil der italienischen Einwanderer in die Vereinigten Staaten und Kanada aus dem kriminell geprägten Westen Siziliens stammte und bedenkt man den hohen Grad an Traditionalismus, gibt es Grund zu der Annahme, dass sich die italo-amerikanische Mafia als aus den sizilianischen Vorläufern hervorgehend definiert. Obwohl viele der ersten Mafiosi bereits vor Beginn des 20. Jahrhunderts nach Nordamerika eingewandert waren, fand eine der umfangreichsten Einwanderungswellen in den 20er Jahren des 20. Jahrhunderts statt. Diese Zeit fiel nicht zufällig mit dem Aufstieg des Faschismus in Italien zusammen, denn von Mitte bis Ende der 20er Jahre ging man unter dem faschistischen Diktator Cesare Mori massiv gegen die Mafiaaktivitäten auf der Insel vor. Der erste (jedoch sicher nicht der letzte) groß angelegte Versuch, die Mafia Siziliens auszurotten, fand in eben jener Phase statt, in der Hunderte bekannter Mafiosi aus ihrem Heimatland über den großen Teich kamen. Nicht wenige davon fanden ihre neue Heimat in New York City.

Giuseppe Morello, mit dem die Geschichte der Familie Genovese ihren Anfang nahm, war jedoch schon Jahrzehnte zuvor in New York ansässig geworden. Irgendwann während der frühen 90er Jahre des 19. Jahrhunderts war Morello aus seiner Heimatstadt Corleone auf Sizilien ausgewandert (interessanterweise ist dies derselbe Geburtsort wie der des legendären Don Vito Corleone aus *Der Pate*, vormals Vito Andolini), vermutlich, um der Strafverfolgung wegen früherer Mafiaaktivitäten zu entgehen. Morello war also bereits ein erfahrener Mafioso und möglicherweise der erste bekannte Sizilianer, der seine kriminelle Vergangenheit in seiner neuen Umgebung in New York City implementierte. Nachdem er die Genovese-Familie gegründet hatte, später inhaftiert und ins Exil gezwungen worden war, blieb Morello dem Leben als Gangster treu, bis ihn seine Vergangenheit schließlich einholen sollte: der legendäre sizilianische Gangster wurde 1930 erschossen.

Die *Omertà*

Die Ursprünge des Begriffs *Omertà*, auch als „Schweigekodex" der Mafia bekannt, sind nicht ganz klar, es existieren jedoch Hinweise darauf, wie der Begriff verwendet wird. Im Allgemeinen Gebrauch lässt sich *Omertà* auf die Mafia selbst beziehen, genauer gesagt auf einen traditionellen Moralkodex, dem Mafiosi angeblich ihr Leben unterordnen, beziehungsweise auf die Tatsache, dass die Existenz der Mafia und ihrer Strukturen geheimgehalten wird. Eine weitere Theorie besagt, dass das Wort von dem italienischen Begriff „uomo" (Mann) abgeleitet ist. Wir können also davon ausgehen, dass *Omertà* sich darauf bezieht, als ein Mann zu Leben, typisch männliche Eigenschaften als „Macho" zu besitzen oder Teil einer Bruderschaft zu sein. Der Begriff könnte sich auch auf einen Mann beziehen, der seine Probleme selbst in die Hand nimmt und seine Angelegenheiten eigenständig regelt, ohne sich an eine höhere staatliche Instanz (wie die Regierung oder die Polizei) zu wenden. Diese Annahme hat durchaus ihre Berechtigung, steht sie doch in direktem Zusammenhang mit dem Konzept der *Omertà*, wie wir es kennen - nämlich der Verachtung gegenüber der behördlichen Strafverfolgung und dem Wunsch, alle Mafiaangelegenheiten

„familienintern" zu regeln. Im Sinne der *Omertà* gehen die Aktivitäten, Erfolge und Probleme der Mafia niemanden, außer der Mafia selbst, etwas an. Dies gilt auch für den Staat.

Eine andere Theorie besagt, dass *Omertà* vor allem vom italienischen Wort für „Demut" abgeleitet ist und auch diese Annahme ergibt Sinn. „Umiltà" klingt, sofern es mit sizilianischem Dialekt gesprochen wird (bei dem die „l"-Laute oft durch „r"-Laute ersetzt werden), erschreckend ähnlich wie *Omertà*. Der der „Umiltà" Verpflichtete zeigt Respekt und Ehrfurcht vor der ihm nahestehenden Bruderschaft und versteht darüber hinaus, dass ein gewisses Maß an Selbstaufopferung für das Gemeinwohl notwendig sein kann. Diese Menschen vermeiden ein Handeln, dass der Gruppe oder anderen Mitgliedern schaden zufügen könnte, was ein generelles Misstrauen gegenüber Außenstehenden voraussetzt.

Diese Definition unterstreicht perfekt den Grundsatz der Mafia: Absolutes Stillschweigen gegenüber allen, die nicht der *Cosa Nostra* (wörtlich: „unsere Sache") angehören. Diese *Omertà*, oder auch *Umiltà*, gilt als Hauptgrund für die problematische Erforschung der Mafia und war sowohl Historikern, als auch den Strafverfolgungsbehörden, über viele Jahrzehnte ein Dorn im Auge, da ein Bruch der *Omertà* durch ein Mafiamitglied als schweres Vergehen gilt. Auch nach der öffentlichen Bloßstellung der Mafia durch die sogenannten *Valachi-Anhörungen* von 1963 hielten viele traditionelle Mafiosi an ihrem Schweigekodex fest. Noch im Jahre 1985, als der hochrangige Gangster Gaetano Badalamenti in den berühmten Prozessen gegen das als „Pizza Connection" bekannte Drogen-Syndikat vor Gericht stand und ins Gefängnis musste, weigerte er sich, heikle Details preiszugeben. Selbst gegenüber seinem eigenen Anwalt handhabe er das so: „Ich habe meine Geheimnisse nie verraten und werde das auch niemals tun" *(Lupo, 2015).*

Letztlich brachen aber sogar einige der angesehensten und hochrangigsten Mafiosi überhaupt die Omertà: Joseph Bonanno, Boss der gleichnamigen Mafiafamilie, die noch heute seinen Namen trägt, war in den 30er Jahren in Italien aufgeflogen, weil er mit der Polizei kooperiert hatte. Sowohl Vito Genovese als auch Lucky Luciano waren einst von der Regierung angeworben worden. Seit der explosiven Zeugenaussage des einfachen Genovese-Soldaten Joe Valachi im Jahr 1963 hat die Mafia immer wieder unter Mitgliedern gelitten, die als Zeuge zum Staat übergelaufen waren. Man muss folglich konstatieren, dass selbst in einer so traditionalistischen und konservativen Subkultur wie der Mafia kein Ehrenkodex unumstößlich ist, sobald das Eigeninteresse auf dem Spiel steht. Tatsache ist auch, dass die Omertà eher eine überhöhte und idealisierte Version dessen darstellt, was ein Mafioso verkörpern sollte - ein glorifiziertes Vorbild, statt einer realistischen Verkörperung des alltäglichen Daseins innerhalb der Subkultur der Mafia.

Neben dem Schweigekodex kann sich der Begriff *Omertà* auch auf die Geschichte der Mafia, deren Tradition und Symbolik beziehen. Angeblich wurden alte sizilianische Kommunikations- und Darstellungsformen auf die italo-amerikanische Mafia übertragen, so dass bestimmte Symbole für die Mafiosi eine besondere Bedeutung erlangten. Einige der hervorstechendsten Beispiele dafür finden sich in den populären Medien wieder, beruhen aber im Allgemeinen dennoch auf Tatsachen. Sinnbildlich dafür steht die „sizilianische Botschaft" in *Der Pate*. Diese besteht aus einem in ein Kleidungsstück eingewickeln toten Fisch, um zu signalisieren, dass der

Besitzer der Kleidung jetzt „bei den Fischen schläft". Als der fiktive Capo Jimmy Altieri in *Die Sopranos* ermordet wurde, weil er für die Regierung spioniert hatte, wurde seine Leiche mit einer Ratte im Mund aufgefunden, was eine klare Botschaft an alle potenziellen Regierungsinformanten sein sollte. Innerhalb der modernen Popkultur gibt es zahlreiche Anspielungen auf Mafia-Rituale, aber im wirklichen Leben sind solche Botschaften oft sogar noch verstörender. Als der Gangster Antonino Inzerillo im Jahr 1982 ermordet aufgefunden wurde, hatte er einen einzelnen 5-Dollar-Schein im Mund und zwei weitere auf seinen Genitalien. Markierungen wie diese dienten als Drohung an andere, wie auch als Hinweis darauf, warum der Mord begangen wurde. In diesem Fall hatte Inzerillo eindeutig eine große Klappe und war wohl zu gierig für sein eigenes Wohl geworden.

Die Arbeiterschaft und die Mafia

Die Dynamik des Zusammenspiels von Arbeit und Gewerkschaften ist der Schlüssel zum Verständnis der Funktionsweise mafiöser Organisationen. In diesem Kontext wird Arbeit als eine Ware betrachtet, aus der Profit gezogen werden kann. Sie kann manipuliert werden und besonders die Gewerkschaften haben sich als wirksames Instrument erwiesen, mit dem von der Mafia korrumpierte Gewerkschaftler die Macht der Arbeiter ausnutzen konnten. Mafiöse Strukturen sind dafür bekannt, dass sie die Gewerkschaften von beiden Seiten ausnutzen - in einigen Fällen organisieren sie Streiks und Arbeitsniederlegungen, in anderen Fällen orchestrieren sie gewaltsam Streikbrüche. Tatsächlich waren es sogar die gewerkschaftlichen Aktivitäten, die in der Vergangenheit eine der profitabelsten Säulen der Mafia überhaupt bildeten.

Mafiöse Organisationen waren anscheinend seit jeher schon in einem gewissen Maße an der Kontrolle der Arbeiterschaften beteiligt. In den von der Mafia kontrollierten Regionen Siziliens war das wertvollste Exportgut der Schwefel, der in verschiedenen Bergwerken abgebaut wurde. Während der Boomzeit des Schwefelhandels im 19. Jahrhunderts, als Sizilien einen besonders großen Marktanteil abdeckte, wurden geneu diese Bergbaubetriebe zunehmend mit den Strukturen der Mafia verflochten. Lupo bezeichnet dies als die Tendenz der Mafia zum „populären Assoziationismus" (*2009*), der sich auf den allgemeinen Wunsch der Mafia bezieht, sich mit bestehenden öffentlichen und privaten Institutionen zu verflechten. Dieses Phänomen gab es also bereits, bevor die eigentlichen Gewerkschaftsbewegungen zu einem lukrativen Einkommensfeld für das organisierte Verbrechen heranwuchsen.

Don Giuseppe Lumia, der einst eine Schwefelmine in Caltanissetta besaß und betrieb, bietet uns hierfür ein anschauliches Beispiel. Lumia leitete seine Mine damals auf eine Weise, welche auf spätere Mafia-Strukturen hindeutet und wurde schließlich von verärgerten Arbeitern wegen eines Streits um die Löhne umgebracht. Derartige Dispute waren während der Epoche mafiöser Gewerkschaften an der Tagesordnung gewesen. Die Mörder von Lumia hinterließen auf seiner Leiche eine Nachricht, in der sie darauf hinwiesen, dass seine Habgier die Ursache für seinen Tod gewesen war. Damit nahmen sie die spätere Symbolik der Mafia vorweg. In einem weiteren Fall wurde die Belegschaft einer Schwefelmine in Favara von Mitgliedern einer *Fratellanza* (Bruderschaft) beherrscht, gegen die Mitte der 80er Jahre des 19. Jahrhunderts Ermittlungen eingeleitet worden waren. Diese *Fratellanza* wurde dabei als Mafiafamilie klassifiziert.

Als derartige mafiöse Strukturen schließlich aus der alten Welt in die Vereinigten Staaten migrierten, kamen damit auch viele dieser Praktiken mit über den Atlantik, darunter eben auch die Kontrolle über die Arbeiterschaft. Seit den 30er Jahren, während der amerikanischen Arbeiterbewegung, hatte sich die Erpressung von Arbeitern und Gewerkschaften zu einer der zuverlässigsten Einnahmequellen der Mafiaorganisationen weiterentwickelt. Erpressungen von Unternehmen und Arbeitnehmern waren von nun an an der Tagesordnung, was auch jahrzehntelang florieren konnte, bevor diesem Phänomen endlich ernsthafte Aufmerksamkeit geschenkt wurde. Obwohl Robert Kennedy bereits seit 1961, als er Generalstaatsanwalt wurde, die Bekämpfung der Erpressung von Arbeitnehmern zu einer Priorität gemacht hatte, wurden bis zur Ermordung des berüchtigten Gewerkschaftsführers Jimmy Hoffa im Jahr 1975 keine konzertierten, nationalen Anstrengungen unternommen. Hoffa wird später in diesem Zusammenhang noch einmal auftauchen, doch zunächst einmal sollten wir unser Augenmerk auf seine Verbindungen zur Teamsters-Gewerkschaft (Logistik) richten. Diese Gewerkschaft ist für ihre lange zurückreichenden Verstrickungen mit der Mafia bekannt. Da die Vereinigten Staaten die Beteiligung der Mafia an den Gewerkschaften als Erpressung und Infiltration der Arbeiterschaft (und damit als Bedrohung für die Gesellschaft selbst) ansahen, strengte man eine Reform der Gewerkschaftspraktiken an.

Die Erpressung von Arbeitnehmern ist vielleicht eine der zynischsten Aktivitäten der Mafiageschichte überhaupt. Was ursprünglich einmal dazu gedacht war, die Arbeitnehmer zu stärken und das Leben der Schwächsten der Gesellschaft zu verbessern, wurde von der italo-amerikanischen Mafia gekapert und opportunistisch ausgehöhlt. Bis in die 80er Jahre hinein war die Mafia stark in die Gewerkschaften eingebunden, tatsächlich ist sogar bis heute das Gewerkschaftssystem in keinem anderen Land so korrupt wie in den Vereinigten Staaten.

Die Hierarchie

Mafiafamilien operieren in der Regel unter einer strengen Hierarchie. Wie der Name *La Cosa Nostra* („unsere Sache") schon suggeriert, ist die Mafia grundsätzlich exklusiver Natur - ihr anzugehören, bringt zahlreiche Vorteile und hohes Prestige mit sich. Als Außenstehender wird man in der Regel nicht konkret eingeweiht und auch mit deutlich mehr Argwohn betrachtet, als einem Vollmitglied normalerweise von einem anderen entgegen gebracht werden würde. Wer mit der Mafia verbunden ist ohne jedoch *Made Man*, also Vollmitglied, zu sein, wird als *Associate* (Verbündeter) bezeichnet. Diese Mitarbeiter erledigen oft Routinetätigkeiten, darunter auch jene Arbeit, bei der man sich „die Hände schmutzig" macht. Diese Männer sind üblicherweise als Gangs oder „Crews" unter dem Kommando eines ranghöheren *Made Man* organisiert.

Die Rangordnung der Mafia setzt sich üblicherweise folgendermaßen zusammen: An der Spitze steht der unbestrittene Kopf der Organisation, der Boss, beziehungsweise *Don*. Die weithin bekanntesten Mafiosi zählten zu dieser Kategorie, darunter Lucky Luciano, Joe Bonanno, Vito Genovese, Al Capone und andere. In manchen Fällen bilden Mafiafamilien Komitees/Juntas, welche die Familiengeschicke leiten, falls der Boss im Gefängnis einsitzt oder aus anderen Gründen unpässlich sein sollte. Auch stellvertretende Bosse, sogenannte *Acting Bosses*, die als offizieller Ersatz für einen

Boss einspringen, sind in der Mafiageschichte dokumentiert. Wie in späteren Kapiteln noch erläutert werden wird, gab es mitunter auch so genannte „Front Bosses", die von den Behörden als „offizieller" Boss angesehen werden sollten, während das wahre Oberhaupt der Familie im Verborgenen die Strippen ziehen konnte. Dass es unschlagbare Vorteile mit sich bringt, der Boss zu sein, dürfte sich nicht leugnen lassen, aber es macht einen auch zur Zielscheibe, sowohl für die Strafverfolgungsbehörden als auch für andere konkurrierende, machtgierige und subversive Mafiosi.

Eine Ebene unter dem Boss rangiert der *Sottocapo*, auch Unterboss genannt. In der Regel gab es immer nur einen Unterboss, welcher auch Stellvertreter des Bosses und den Capos übergeordnet ist. Die meisten Mafiabosse sind einst selbst Unterboss gewesen und übernahmen den Thron, nachdem der vorherige Boss verhaftet wurde, in den Ruhestand ging oder ermordet wurde (manchmal auch vom Unterboss selbst). Handlungsunfähig gewordene Bosse wurden mitunter auch durch den *Consigliere* ersetzt. Hierbei handelt es sich um eine besondere Position innerhalb der Mafiafamilien, die meist von hochrangigen Familienmitgliedern besetzt wurde und in der Regel der vertrauenswürdigste Verbündete des Bosses sind. Der *Consigliere* dient dem Boss als besonderer Berater und Betreuer und vertritt diesen auch oft bei hochrangigen Treffen, denen der Boss nicht beiwohnen kann. Obgleich selbst Unterbosse von paranoiden Bossen mitunter mit Misstrauen betrachtet wurden, war dies beim *Consigliere* nicht der Fall. Auch hierbei war es *der Pate*, der den Begriff „Consigliere" mit der legendären Mafia-Figur des Tom Hagen, dem vertrauenswürdigsten Berater von Don Corleone, ins öffentliche Bewusstsein brachte.

Unterhalb des Unterbosses stehen die Caporegimes, bzw. Capos und die Soldaten. Capos lassen sich mit Militäroffizieren vergleichen, denn sie befehligen eine Crew von Soldaten. Diese Capos haben die Funktion des mittleren Managements innerhalb der Mafiastrukturen inne. Die Soldaten bilden die unterste Stufe innerhalb der Hierarchie der *Made Men*. Als Vollmitglieder wird ihnen dennoch großer Respekt zuteil, aber den Capos, dem Unterboss und natürlich dem Boss sind sie allesamt unterstellt. So wie Capos eine eigene aus Vollmitgliedern bestehende Crew leiten, führen diese in der Regel selbst Crews, die aus jenen Verbündeten bestehen, die selbst keine Vollmitglieder sind. Und auch wenn diese *Associates* nach den Regeln der Mafia nicht unter speziellem Schutz stehen, bringt die Zugehörigkeit zu einer respektierten Crew eines Soldaten viele Vorteile mit sich. Jeder innerhalb dieser Hierarchie führt eigene kriminelle Geschäfte oder ist an größeren, von höherrangigen Mitgliedern organisierten Unternehmungen, beteiligt. Der aus einem solchen Geschäft resultierende Profit wird teilweise an den jeweils Vorgesetzten abgetreten. Die *Associates* geben also einen Teil ihres Gewinns an ihren befehlshabenden Soldaten ab, diese an die Capos und die Capos wiederum an den Unterboss und an den Boss. Der Boss erhält folglich an allen Einkünften, die innerhalb der Familienhierarchie erzielt werden, seinen Anteil. Das Vorenthalten solcher Anteilszahlungen wird als schweres Vergehen angesehen.

Eine weitere Position, die nicht außen vor gelassen werden sollte, wurde in der Geschichte der Mafia immer wieder relevant. Als „*Boss der Bosse*" versteht man weitestgehend eine lediglich inoffizielle Position, aber zu bestimmten Zeitpunkten innerhalb der Geschichte der Mafia wurden die Bosse bestimmter Familien zum obersten Chef aller fünf Familien erklärt. Sah ein Boss seine Familie mächtig genug, um den maximalen Respekt aller anderen Mafiabosse und ihrer Crews zu bekommen, wurde ein „Boss der Bosse" ernannt. Zwei bekannte Beispiele hierfür finden wir bei Sal Maranzano und auch bei Vito Genovese selbst. Wie wir noch erfahren werden, war diese Position alles andere als dauerhafter Natur.

KAPITEL 2
DIE ANFÄNGE

Was wir heute als Genovese-Familie bezeichnen, hatte einst verschiedene Erscheinungsformen, trug unterschiedliche Namen und wurde von einer Vielzahl interessanter Charaktere angeführt. In diesem Kapitel behandeln wir nun die früheste Erscheinungsform der Geneveses, ihren Gründer sowie die ersten Jahrzehnte des Bestehens der damals noch jungen Organisation.

Der „107th Street Mob"

Giuseppe Morello kam im Jahr 1867 in der Nähe von Palermo zur Welt und wurde schon früh in der sizilianischen Mafia eingebunden, da seine verwitwete Mutter einen bekannten Mafioso aus Corleone heiratete. Aus der Ehe seiner Mutter und seines neuen Stiefvaters gingen mehrere Halbgeschwister von Morello hervor, von denen drei (Vincenzo, Ciro und Nicolo) in Morellos frühe kriminelle Anfänge verwickelt wurden. Noch bevor er überhaupt einen Fuß in die Vereinigten Staaten gesetzt hatte, war Morello zu einem waschechten sizilianischen Mafioso geworden und geriet Anfang der 90er Jahre des 19. Jahrhunderts erstmals in Schwierigkeiten - die Behörden hatten die Ermittlungen gegen ihn aufgenommen. Er sollte für zwei Verbrechen, an denen er beteiligt war, verurteilt werden: Mord und die Herstellung von Falschgeld.

Morello war zu einem der engsten Vertrauten Paolino Strevas, einem Mafiaboss aus Corleone, geworden. Kurz nachdem Morello erfahren hatte, dass die sizilianische Polizei gegen Streva ermittelte, wurde der leitende Ermittler Giovanni Vella erschossen. Nachdem ein Zeuge ausgesagt hatte, Morello am Tatort gesehen zu haben, wurde er kurz darauf ebenfalls ermordet aufgefunden. Da alle Spuren eindeutig auf Morello wiesen, fürchtete auch er nun die behördliche Strafverfolgung. Irgendwann zwischen den Jahren 1892 und 1894 beschloss Morello also, von Sizilien in die Vereinigten Staaten auszuwandern, um sich einer Verurteilung entziehen zu können. Man nimmt an, dass seine Mafia-Verbindungen in Corleone bei der Koordinierung seiner Flucht halfen. Trotz seiner Flucht aus Sizilien verurteilte man Morello offiziell in Abwesenheit.

Nach seiner Ankunft in den Vereinigten Staaten reiste Morello, zusammen mit einem Großteil seiner Familie, auf der Suche nach Arbeit durch das Land. Nach einer Pechsträhne in Louisiana und Texas, bei der er nicht nur keine Arbeit fand, sondern auch an Malaria erkrankte, zog es Morello irgendwann in der zweiten Hälfte der 90er Jahre zurück nach New York City. Dort angekommen, beteiligte sich Morello an verschiedenen geschäftlichen Aktivitäten, die zunächst jedoch keine Früchte zu tragen schienen. Als er schließlich auf die Beine gekommen war, beschloss Morello, die gleichen Geschäftspraktiken anzuwenden, die er während seiner Zeit bei der sizilianischen Mafia gelernt hatte. Er gründete den „107th Street Mob", eine Gang, die in den italienisch geprägten Vierteln von East

Harlem, der Bronx und Manhattan ansässig war. Diese Gruppierung gilt als die erste Manifestation dessen, was heute als Genovese-Familie bekannt ist, doch zunächst sollte sie als „Morello-Familie" bekannt werden...

Während der nächsten Jahre beteiligte sich Morellos Gang an zahlreichen Geschäften, darunter eine Kneipe in Manhattan, Friseurläden und Schuhgeschäfte. Einer von Morellos bekannten Spitznamen, „The Banker", deutet jedoch darauf hin, dass er höchstwahrscheinlich auch im Bereich Kreditwucher aktiv gewesen war. Zudem war die Morello-Familie an Raubüberfällen, Erpressungen und natürlich an Geldfälschung beteiligt. Die durch diese kriminellen Geschäfte erwirtschafteten Gelder wurden durch die legalen Geschäfte der Familie gewaschen, wodurch ein ganzes System der Geldwäsche entstand, das von zukünftigen Mafia-Familien im 20. Jahrhundert adaptiert werden sollte.

Das Bündnis und die Verhaftung

Im Jahr 1903 heiratete eine ebenfalls in die USA ausgewanderte Verwandte Morellos, seine Halbschwester Salvatrice, einen anderen einflussreichen Mafiaboss aus Little Italy, dem italienisch geprägten Viertel Manhattans. Dies führte zu einem Bündnis zwischen Morello und seinem frischgebackenen Schwager Ignazio Lupo. Wie Morello war auch Lupo einst aus Sizilien in die Vereinigten Staaten geflohen, um einer Verhaftung wegen Mafiakriminalität entgehen zu können und auch Lupo besaß eine Reihe von legalen Geschäften. Er wuchs zu einem der größten Importeure von Olivenöl und Zitrusfrüchten aus seinem Heimatland heran. Zufälligerweise war ausgerechnet der Zitrusfruchthandel in Sizilien, neben dem Schwefelabbau, eine der wichtigsten Einnahmequellen der sizilianischen

Mafia. Es ist davon auszugehen, dass Lupos Exporteure auf der anderen Atlantikseite ebenfalls Verbindungen zur Mafia unterhielten.

Gemeinsam bauten Morello und Lupo nun ihr Fälschergeschäft, zusammen mit ihren anderen Unternehmungen, aus. Sie hatten mächtige Mitglieder in die Familie eingebunden, darunter so bekannte Namen wie Joe Masseria und Sal D'Aquila und waren berüchtigt dafür, dass sie die Leichen ihrer ermordeten Feinde in Holzfässern entsorgten. Die Familie wuchs nun stetig weiter und bereits 1905 war die Morello-Familie zur mächtigsten und einflussreichsten der sizilianisch geprägten Verbrechergruppierungen in New York aufgestiegen. Giuseppe Morello wurde auch zum ersten *Capo de tutti Capi* - dem „Boss der Bosse". Zuvor hatte Morello jedoch eine schicksalhafte Begegnung mit Joe Petrosino, einem Lieutenant der New Yorker Polizei. Zusammen mit seinem Gangsterkollegen Vito Cascio-Ferro wurde Morello von Petrosino verhaftet, weil er verdächtigt wurde, ein Geldfälscher-Geschäft zu betreiben. Morello wurde jedoch wieder auf freien Fuß gesetzt.

Einige Jahre später, im Jahr 1909, wurde Petrosino schließlich nach Sizilien entsandt, um als verdeckter Ermittler die mafiösen Verbindungen zwischen Palermo auf Sizilien und New York in den Vereinigten Staaten zu untersuchen. Eines seiner Hauptziele hatte darin bestanden, die Vorgeschichte der sizilianischen Einwanderer in Amerika zu beleuchten, um mögliche Vorstrafen aus der alten Heimat aufzudecken. Nach damaligem US-Recht konnten Einwanderer des Landes verwiesen werden, wenn sie in einer anderen Nation bereits zuvor Straftaten begangen hatten. Die US-Behörden wollten folglich auch jene kriminelle Vergangenheit von Personen im eigenen Land aufdecken, die im Verdacht standen, schon zuvor in das organisierte Verbrechen verwickelt gewesen zu sein. Wie sich herausstellte, traf genau dies auf Giuseppe Morello zu.

Vielleicht hatte Petrosinos erster Fehler darin bestanden, den italienischen Behörden grundsätzlich zu misstrauen. Petrosino war selbst ein italienischer Einwanderer gewesen und vertrat die Ansicht, dass das italo-amerikanisch organisierte Verbrechen damit auch sein Erbe beschmutzte, weshalb er zu einer Art Kreuzritter gegen die Mafia wurde. Mit seiner allgemein zynischen Einstellung glaubte Petrosino, dass die italienischen Behörden entweder inkompetent waren oder tatsächlich direkt mit der sizilianischen Mafia in Verbindung gestanden hatten, denn wie sonst war es möglich, dass die Mafia derartig florieren konnte? Während seiner kurzen Zeit in Sizilien lehnte er also jegliche staatliche Unterstützung ab. Sein zweiter, noch schwerwiegenderer Fehler hatte darin bestanden, anzunehmen, dass seine Ermittlungsziele keine Kenntnis von seinen Operationen haben würden. Wahrscheinlich befürchtete die Morello-Familie, dass Petrosino Morellos kompromittierende kriminelle Vergangenheit aufdecken würde, und ergriff nun ihrerseits Maßnahmen. Die Morello-Mitglieder Antonino Passananti und Carlo Constantino kamen fast genau zum selben Zeitpunkt in ihrer alten Heimat auf Sizilien an, als auch Petrosino dort von Bord gegangen war. Das war kein Zufall gewesen. Bevor Petrosinos Ermittlungen etwas Handfestes ergeben konnten, wurde der New Yorker Lieutenant im März 1909 in Palermo niedergeschossen. Obwohl Morello gleichzeitig seine Männer auf Sizilien hatte, ist nicht bekannt, wer die eigentlichen Angreifer waren, denn Petrosino hatte sich zahlreiche Feinde gemacht und seine Ankunft auf Sizilien war alles andere als unauffällig verlaufen.

Obwohl Petrosino nun keine Bedrohung mehr war, ging Morellos Zeit als mächtigster Geldfälscher in New York dem Ende entgegen. Sowohl er als auch sein Partner Lupo wurden noch im selben Jahr, zum Ende des Jahres 1909, festgenommen und ein paar Monate später, zu 25 bzw. 35 Jahren Gefängnis verurteilt. Morellos Cousins Fortunato und Tomasso, auch bekannt als die „Lomonte-Brüder", übernahmen 1910 in Morellos Abwesenheit die Kontrolle über die Familiengeschäfte.

Der Mafia-Camorra-Krieg

Fortunato und Tomasso hatten während der ersten Jahre von Morellos Gefängnisstrafe die Leitung der Familie inne. Im Jahr 1914 wurde Fortunato jedoch erschossen, ein Jahr später war dann auch Tomasso an der Reihe. Nicolo, Morellos jüngster Halbbruder, übernahm nun bis 1916 die Führung der Familie, wurde während des *Mafia-Camorra-Krieges* allerdings ebenfalls ermordet. Eine blutige Fehde zwischen den Morellos und der Camorra, einer weiteren Verbrecherorganisation aus der italienischen Region Kampanien, war entstanden.

Die Camorra ist unter den italo-amerikanischen kriminellen Gruppierungen einzigartig. Während die Mafia sizilianischen Ursprungs immer eine streng hierarchische und klar definierte Führungshierarchie mit einem einzigen Boss an der Spitze hatte, besaß die Camorra eine viel lockerere und dezentraler organisierte Struktur. Die Camorra hatte nicht nur einen Anführer, sondern eine Art Clan-basiertes Rätesystem, welches die Entscheidungen traf. Da die Macht in Organisationen wie der Camorra gleichmäßiger verteilt ist, sind sie in der Regel stabiler aufgebaut, da es weniger Anreize für Verrat und Intrigen gibt, um an die Spitze zu gelangen. Der

Nachteil besteht jedoch darin, dass diese Struktur aufgrund des Organisationsstils weniger machtvoll und damit normalerweise nicht imstande ist, die meisten Verbrechen auf höchster Ebene zu begehen, die von Mafia-Familien begangen werden können. Aus diesem Grund wurden die meisten berüchtigten und hochkarätigen Raubzüge, Betrugsfälle und Morde nicht von der Camorra, sondern von mächtigen, landesweiten Mafiafamilien verübt. Strukturen wie bei klassischen Mafiafamilien ähneln Pyramiden, wohingegen die der Camorra von einer flacheren Hierarchie geprägt sind.

Da die Morello-Familie nun durch die Inhaftierungen von Morello und Lupo geschwächt worden war, entwickelte sich ein Machtkampf zwischen der Familie und der neapolitanisch geprägten Camorra. Zu dieser Zeit wurde die Camorra von den Brooklyner Mafiosi Andrea Ricci, Alessandro Vollero und Pellegrino Morano angeführt. Vollero und Morano wollten ihre Geschäfte ausweiten und wandten sich an den sogenannten „König von Little Italy", Giosue Gallucci, einen prominenten Camorrista-Geschäftsmann mit wichtigen politischen Verbindungen. Gallucci betrieb in den italienischen Vierteln von East Harlem, zu denen der Camorra der Zugang weitgehend verwehrt war, ein hochprofitables Lotterie-Geschäft. Diese Zahlenwetten funktionierten im Grunde genommen wie Lotto. Die Mitspieler wetteten auf bestimmte Zahlen, die dann nach dem Zufallsprinzip gezogen wurden. Diese Wetten wurden in der Regel von den Fußsoldaten („Läufern") angenommen, welche in den meist armen italienischen Vierteln oder in örtlichen, zur Organisation gehörenden Geschäften, die als Buchmacherzentren fungierten, platziert wurden.

Als im Mai 1915 die Spannungen sukzessive zunahmen, wurde Giosue Gallucci von der Camorra ermordet. Man nahm an, dass das Geld für den Mord von Morano höchstpersönlich aufgebracht wurde. Erschwerend kam hinzu, dass Gallucci zu dieser Zeit mit der Morello-Familie verbündet gewesen war. In der Folge entstand eine massive Fehde zwischen den Morellos und den Camorra-Bossen um die Kontrolle über das Lotteriegeschäft des verstorbenen Gallucci. Anfangs verhielten sich die Mafia und die Camorra jedoch noch relativ friedlich zueinander. Joe DeMarco, ein langjähriger Feind der Morellos, hatte sich nämlich zu einem großen Ärgernis, sowohl für die Mafiafamilie und auch für die Camorra, bei der Ausweitung der Glücksspielgeschäfte entwickelt, da DeMarco einen Großteil der Glücksspielgeschäfte in Lower Manhattan unter seinen Fittichen hatte.

Nachdem die Morellos einmal mehr beschlossen hatten, DeMarco auszuschalten (sie waren damit bereits mehrmals gescheitert), bestand das aktuelle Hauptproblem darin, dass DeMarco die meisten von Morellos Auftragskillern kannte und es daher schwierig sein würde, ihn auf dem falschen Fuß überraschen zu können. Bei einem Treffen mit Männern der Camorra auf Coney Island im Jahr 1916 planten die beiden Organisationen nun also einen Überraschungsangriff auf DeMarco. Joe Verizzano, ein *Associate* der Morellos und ein eher unbeschriebenes Blatt für DeMarco selbst, wurde nun dazu ausgewählt, den Anschlag zu planen. Verizzano sollte in eines von DeMarcos Etablissements gehen, dort zocken und einen Camorrista-Killer auf DeMarco aufmerksam machen, der ebenfalls undercover im Gebäude anwesend sein sollte. Der erste Anschlag auf DeMarco scheiterte jedoch. Hartnäckig planten die Beteiligten nun einen weiteren, ähnlichen Anschlag, als der zugewiesene Killer jedoch versehentlich die falsche Person erschoss, ermordete Verizzano DeMarco selbst. Nun, da der gemeinsame Feind von Mafia und Camorra ausgeschaltet war, begannen beide Organisationen damit, gegeneinander zu intrigieren. Das Blutvergießen, das hierauf folgte, ging als „Mafia-Camorra-Krieg" in die Geschichte ein.

Schließlich eskalierte die Fehde derart, dass der Überlieferung nach Mitglieder beider Gruppierungen davor zurückschreckten, in das Territorium der anderen vorzustoßen, weil jedem Beteiligten klar war, dass dies einem Todesurteil gleich gekommen wäre. Nach Monaten blutiger Kämpfe boten Gesandte der Camorra der Morello-Familie einen Waffenstillstand an. Ihr Ziel war jedoch keineswegs friedlicher Natur, denn der aktuelle Morello-Boss Nicolo Morello (auch bekannt als Nicolo Terranova) und sein Leibwächter Charles Ubriaco wurden zu einem Treffen mit Morano und anderen Anführern der Camorra gelockt. Bei diesem Treffen im September 1916 wurden die beiden erschossen.

Nach der Ermordung von Nicolo und Ubriaco folgten weitere Morde. Die Camorra verfolgte nun aggressiv die Mitglieder der Morello-Familie und konnte dabei auch mehrere von ihnen töten, darunter auch DeMarcos Attentäter Joe Verizzano. Die Morellos selbst, darunter auch Giuseppes verbliebene Halbgeschwister, blieben jedoch stets im eigenen Terrirorium und damit außerhalb der Reichweite der Camorra-Killer. Die *Camorrista* agierten nun zunehmend dreister und gingen bei der Verfolgung der hochrangigen Morellos zunehmend rücksichtslos vor. Im Allgemeinen konnte die Camorra so vorgehen, da sie keine polizeilichen Maßnahmen fürchten musste, denn viele Polizisten, vor allem in

Coney Island, standen auf der Gehaltsliste der Camorra. Mit ein paar Bestechungsgeldern konnten sie also dazu gebracht werden, wegzuschauen. Obendrein war die *Omertà* in dieser frühen Phase noch äußerst stark ausgeprägt, so dass die Camorra davon ausging, dass niemand, auch nicht auf der Seite der Morellos, jemals mit der Polizei kooperieren würde. Aufgrund dieser Bedingungen operierte die Camorra in der Zeit nach den Morden von 1916 scheinbar ungestraft.

Zum Unglück für die Camorra wurde nun aber ein Mann aus den eigenen Reihen zu einem der ersten italo-amerikanischen Kriminellen, der als Zeuge für die Strafverfolgung aussagte. Ein Jahr nach der Ermordung von Nicolo Morello entschloss sich Ralph „The Barber" Daniello, ein Camorrista, der an der Planung des Mordes an Nicolo beteiligt gewesen war, mit der Polizei zu kooperieren. Man nimmt an, dass er für die Aufdeckung der Aktivitäten der Camorra, ihre kriminellen Machenschaften wie auch für den Mord an Nicolo, verantwortlich gewesen war. Seine Aussage gegen die Camorra-Killer führte zu einer ganzen Reihe von Verurteilungen von *Camorrista* und auch zu einem harten Durchgreifen gegen Korruption innerhalb der Polizei, da Daniello auch über die Gehaltslisten der Camorra ausgepackt hatte.

Im Jahr 1918 wurden Morano und Vollero schließlich im Mordfall Nicolo Morello und Charles Ubriaco für schuldig befunden und erhielten jeweils zwanzig Jahre Gefängnisstrafe. Tony Paretti, ein weiterer am Mord an Nicolo Morello beteiligter Gangster und enger Partner von Morano, wurde für seine Tat zum Tode verurteilt und 1927 hingerichtet (bemerkenswert ist in diesem Zusammenhang, dass Morano auch nach seiner Inhaftierung die Zusammenarbeit mit der Polizei und die Beantwortung der Fragen der Staatsanwaltschaft zu Paretti verweigerte). Ein Jahr vor der Verhaftung von Morano und Vollero wurde Andrea Ricci, ein weiterer Camorra-Boss, ermordet. Man nimmt jedoch an, dass seine eigenen Männer den Anschlag verübt hatten, weil sie befürchteten, dass auch er als Zeuge aussagen würde.

Nach Riccis Tod, den Inhaftierungen von Morano und Vollero und der Vielzahl von Anklagen gegen andere prominente *Camorrista* war die italo-amerikanische Camorra arg geschwächt. So endete der *Mafia-Camorra-Krieg* auf ungewöhnliche Weise: Die Strafverfolgungsbehörden erledigten den Großteil der Arbeit und schalteten die Ziele der Morello-Familie aus, ohne dass die Familie selbst einen Finger rühren musste. Da die Mafiafamilie Morello so als klarer Sieger hervorgegangen war, konnte die Familie ihre Glücksspielgeschäfte in Manhattan nun ungestört ausweiten, schließlich war ein erheblicher Störfaktor endlich verschwunden. Viele der verbliebenen *Camorrista*, von denen die meisten nun arbeitslos waren und keiner wirklichen kriminellen Struktur angehörten, zu der sie hätten zurückkehren können, schlossen sich schließlich den Morellos an. Jene Familie, die ihren ersten großen Krieg ohne richtigen Anführer erfolgreich überstanden hatte und nun durch die Ausschaltung der Camorra gestärkt hervorgegangen war, stand nun bereit, um die Unterwelt New Yorks zu dominieren. Die Weichen für das Jahr 1920, das für die Morello-Familie von entscheidender Bedeutung sein sollte, waren nun gestellt.

Die Prohibition und der Castellammarese-Krieg

Nach Nicolos Ermordung hatte Giuseppes anderer Halbbruder Vincenzo die Kontrolle über die Familie übernommen. Ebenfalls gegen Ende des Mafia-Camorra-Krieges wurde der Morello-Capo Joe Masseria aus der Haft entlassen, zu der er 1913 wegen Einbruchs verurteilt worden war. Masseria baute fortan seine Macht innerhalb der Morello-Familie stetig aus, doch Salvatore D'Aquila, ein Capo der Familie, der sich nach Morellos Verhaftung abgesetzt hatte, begann einen Machtkampf mit Masseria um die Vorherrschaft in New York City. Masseria war auch direkt mit einem von D'Aquilas Top-Leuten, Umberto Valenti, verfeindet. Diese hieraus resultierenden Konflikte entwickelten sich in den 20er Jahren zu einem regelrechten Mafiakrieg.

Im Jahr 1920 kam es nun zu gleich zwei einschneidenden Ereignissen für die Morellos. Zum Einen erklärte die Regierung der Vereinigten Staaten im Januar den Verkauf von Alkohol auf Bundesebene für illegal, wodurch ein neuer Markt für die Herstellung, den Verkauf und den Import von fortan illegalem Schnaps und Bier enstanden war. Das bot eine lukrative Gelegenheit für die von Natur aus opportunistisch agierenden Mafia-Familien, welche diese Chance natürlich sofort nutzten. In kürzester Zeit hatte die Mafia praktisch ein Monopol auf den Alkoholschmuggel und viele prominente Mafiosi wurden landesweit bekannt - vor allem Al Capone und seine als „The Outfit" bekannte Organisation aus Chicago.

Ebenfalls im Jahr 1920 wurde der Mafia-Boss Giuseppe Morello aus dem Gefängnis entlassen. Ursprünglich wollte er wieder eine wichtige Rolle innerhalb der Organisation einnehmen, doch sein Leben geriet sofort in Gefahr. Sal D'Aquila sorgte sich über die

Konkurrenz, die Morello mit sich bringen könnte, und fürchtete gleichzeitig die Vergeltung für den Bruch mit der Familie, was ihn dazu veranlasste, den Mord an Morello zu befehlen. Um sein Überleben zu sichern, floh Morello zurück in seine Heimat Sizilien, wo er fortan in Angst vor D'Aquila lebte. Masseria wurde nun Morellos wichtigster Beschützer, als dieser auf Sizilien lebte und blieb dem hochangesehenen Boss gegenüber loyal.

Währenddessen braute sich auf der westlichen Seite des Atlantiks ein neuer Konflikt zusammen. Ab 1920 kam es zu einer Reihe von Vergeltungsschlägen zwischen Masseria und der Allianz aus D'Aquila und Valenti. Im Jahr 1922 hatte Valenti einen Anschlag auf Vincenzo Terranova, den derzeitigen Boss der Morello-Familie, angeordnet. Das Attentat verlief erfolgreich und auch weitere Morellos wurden nun ins Visier genommen, so dass Joe Masseria der neue offizielle Boss der Familie wurde. Masseria selbst war zwar auch Ziel der Anschlagsserie geworden, aber er überlebte. Tatsächlich entkam Masseria immer wieder knapp dem Tod und erwarb sich damit den Ruf, unsterblich zu sein.

Masserias Ruf wuchs beständig weiter, während D'Aquila gleichzeitig immer weniger gefürchtet wurde. All die fehlgeschlagenen Attentatsversuche hatten D'Aquilas Ansehen einen schweren Schlag versetzt und im August 1922 sollte es schließlich noch schlimmer kommen. Nur wenige Tage nach einem weiteren fehlgeschlagenen Attentat auf Masseria, nachdem D'Aquila auch in der Fehde allgemein keine Fortschritte gemacht hatte und es ihm weder gelungen war, Giuseppe Morello noch Masseria zu beseitigen, wurde sein Verbündeter Valenti ermordet. Diese Ereignisse zusammengenommen hatten D'Aquilas Chancen, aus diesem Krieg als Sieger hervorzugehen, endgültig ruiniert. Die Morellos, angeführt von Joe Masseria, waren als klare Sieger hervorgegangen. Da D'Aquila nun deutlich geschwächt war und die Morellos stärker denn je erschienen, fühlte sich der Gründer der Familie sicher genug, um aus seinem sizilianischen Versteck nach New York City zurückzukehren. Doch Morello hatte offenbar gespürt, dass seine Zeit an der Spitze der Gangsterfamilie abgelaufen war. Giuseppe Morello hatte verstanden, dass Masseria nun der unumstrittene Boss seiner Familie geworden war und fügte sich in seine neue Position als *Consigliere* Masserias ein. Gemeinsam konnten beide nun jahrelang unter der amerikanischen Prohibition die Geschäfte vorantreiben. Salvatore D'Aquila wurde schließlich 1928 erschossen, wodurch er als Konkurrent endgültig ausgeschieden war.

Mitte der 20er Jahre bauten Masseria und Morello ihre Geschäfte nun immer weiter aus, darunter das Kreditgeschäft und das Glücksspiel, aber auch den unglaublich lukrativen Markt für geschmuggelten Schnaps. Um die Reihen der Familie zu verstärken, rekrutierte Masseria weitere Mafiosi, die später zu prominenten Persönlichkeiten in der Geschichte der Mafia heranwachsen sollten. Zu den wichtigsten dieser Männer gehörten Frank Costello, Lucky Luciano und auch der spätere Namensgeber der Familie, Vito Genovese. Jeder dieser Männer sollte später einmal an der Spitze der Organisation stehen. Die 20er Jahre waren für die Morellos eine wahre Blütezeit, doch obgleich der Mafia-Camorra-Krieg noch in frischer Erinnerung gewesen war, bahnte sich ein ganz neuer Konflikt an.

Einige Zeit nach seiner Verhaftung durch den verstorbenen NYPD-Lieutenant Joe Petrosino war der Mafioso Vito Cascio-Ferro in seine sizilianische Heimat zurückgekehrt (wo er angeblich auch an der Ermordung von Petrosino während dessen italienischer Ermittlungen beteiligt gewesen war). In der alten Heimat war Cascio-Ferro Erfolg vergönnt so wurde er zu einem mächtigen Boss im Gebiet von Castellammare Del Golfo, einer kleinen Küstenstadt in der Provinz Trapani. Nachdem sein früherer Versuch, in die italoamerikanische Mafia einzudringen, gescheitert war, beschloss er, es noch einmal zu versuchen. Irgendwann in den 20er Jahren entsandte Cascio-Ferro einen seiner besten Männer, Salvatore Maranzano, um die amerikanische Konkurrenz auszuschalten und auch die Kontrolle über die Geschäfte auf der anderen Seite des Atlantiks übernehmen zu können. Nach seiner Ankunft in den Vereinigten Staaten übernahm Maranzano schnell die Kontrolle über die Castellammarese-Fraktion in New York City, zu der auch die prominenten Gangster Joe Profaci, Joe Aiello und der junge Giuseppe Bonanno, auch bekannt als „Joe Bananas", gehörten.

Maranzanos Organisation war in zwei wichtige illegale Geschäfte verwickelt. Das erste und profitabelste war der Alkoholschmuggel, der auch die Produktion und den Vertrieb umfasste. Bonanno war damals direkt für den Schutz des geschmuggelten Alkohols auf dem Transportweg verantwortlich. Die Herstellung gefälschter Dokumente für illegale italienische Einwanderer war sein zweiter Geschäftszweig. Da viele der illegalen Einwanderer Italiener waren, die Maranzano anwerben wollte, um seine Reihen zu verstärken, war dieser Geschäftszweig besonders wichtig. Dies war allerdings auch das erste Geschäft, das Maranzano mit dem Boss der Morello-Familie, Joe Masseria, in Konflikt brachte.

Bevor es zu offenen Feindseligkeiten kam, war es um 1928 bereits zu Streitigkeiten über gestohlene Schnapsladungen gekommen, welche die Spannungen zwischen der „amerikanisierten" Mafiaprägung, die viele von Masserias Männern vertraten und der neu hinzugekommenen sizilianischen Castellammarese-Organisation „alter Schule" verschärften. Etwa zur gleichen Zeit, als Masseria rekrutierte, um sich auf einen Krieg vorzubereiten, unternahm auch Maranzano vergleichbare Schritte. Er versuchte, Charles Luciano zu umwerben, aber Luciano war von der herablassenden Art Maranzanos und der alten Schule, die er vertrat, generell abgeschreckt. Luciano nahm vor allem Anstoß an der Abneigung Maranzanos und anderer Sizilianer gegen die Zusammenarbeit mit Nicht-Italienern. Maranzano hatte sich über Lucianos jüdische Verbindungen lustig gemacht, was offensichtlich nicht gut angekommen war. Luciano lehnte Maranzanos Angebote folglich ab und schloss sich stattdessen mit Masseria zusammen, da er spürte, dass ein Krieg bevorstand. Lucianos Loyalität war jedoch alles andere als garantiert, denn auch er schmiedete Pläne.

Im Jahr 1930 entwickelte sich der Zwist zu einem ausgewachsenen Krieg weiter, der allgemein als *„Castellammarese-Krieg"* bezeichnet wird. Es war Masseria gewesen, der die gewaltsamen Feindseligkeiten eskaliert hatte, indem er einen Anschlag auf einen in Detroit ansässigen *Castellammarese*-Gangster namens Gaspar Milazzo angeordnet hatte. Masseria verriet darüber auch seinen Verbündeten Gaetano Reina, dessen Verbündete sich daraufhin Maranzano anschlossen, um ihrerseits Rache zu nehmen. Maranzano startete nun auch Angriffe gegen Masserias Fraktion. Einer der ersten Verluste auf Masserias Seite war gleich ein gewaltig großer - Giuseppe Morello, der legendäre Mafioso, Gründer der

Morello-Familie und *Consigliere* von Masseria, wurde im Sommer 1930 von Maranzanos Killern in seinem Büro in Harlem erschossen. Monate später beauftragte Masseria den Mord an einem Verbündeten Maranzanos, diesmal an Joe Aiello aus Chicago. Milazzo und Aiello waren Mitglieder der einflussreichen italo-amerikanischen Organisation *„Unione Siciliana"* gewesen, mit der Masseria schon früh kooperiert hatte.

Nach dem Anschlag auf Aiello schlug Maranzano nun mit rücksichtsloser Intensität zurück. Das war möglich geworden, weil Maranzanos Crew bereits viel besser organisiert war als die von Masseria, obwohl viele *Castellammarese* noch relativ neu im Land und in der amerikanischen Mafia waren. Maranzanos etablierte Verbindungen in Sizilien haben dies sicherlich begünstigt, ebenso wie die Verbindung nach Castellammare, die Maranzano in anderen Städten wie Chicago, Detroit und Philadelphia Unterstützung ermöglichte. Nun wurden mehrere Anschläge auf wichtige Masseria-Gangster verübt, gefolgt von Überläufern von Masserias hin zu Maranzanos Crew. Der Verrat dieser Überläufer erfolgte nicht überraschend, da viele von Masserias Männern angeblich schon vor Kriegsbeginn Zweifel daran geäußert hatten, ob der Oldtimer Masseria der richtige Mann gewesen war, um die Familie in die 30er Jahre führen zu können. Nachdem nun ein Großteil von Masserias Führungsstruktur zerschlagen worden war, verfügte er kaum noch Möglichkeiten, um zurückzuschlagen und wirkte zunehmend verwundbarer. Einige von Masserias Männern, die noch immer nicht aufgegeben hatten, suchten jetzt nach einem Weg, um den zerstörerischen Krieg zu beenden. Luciano, der von Anfang an ein Komplott geschmiedet hatte, sah mit Hilfe von Vito Genovese nun seine Chance gekommen.

Luciano und Genovese hatten sich mit Maranzano in Verbindung gesetzt, um zu sehen, welche Art von Deal ausgehandelt werden konnte. Luciano war eindeutig auf eine Führungsposition aus und dazu gewillt, Masseria zu verraten, um die Kontrolle über dessen Organisation zu erlangen. Ihm war aber auch klar, dass es kaum noch eine Crew zu übernehmen geben würde, falls der Krieg noch länger andauern würde. Also stimmte Luciano zu, einen Anschlag auf Masseria zu organisieren. Im Gegenzug erklärte sich Maranzano bereit, den Krieg und das Blutvergießen offiziell zu beenden und Luciano die Leitung von Masserias Crew zu übertragen, die Maranzano unterstellt sein würde. Bevor Luciano aber seinen Zug machen konnte, bekam Masseria von diesem Plan offenbar Wind und ordnete seinerseits einen Anschlag auf Luciano an, während er gleichzeitig vorgab, von nichts zu wissen. Einer von Masserias eigenen Männern, Joey Adonis, warnte Luciano jedoch vor dem Komplott, so dass Luciano in der Lage war, schneller als Masseria handeln zu können. Ohne zu wissen, dass Adonis, also genau jener Mann, den er selbst mit Lucianos Tötung beauftragt hatte, ihn verraten und sich mit Luciano verbündet hatte, stimmte Masseria 1931 einem Treffen in einem Restaurant auf Coney Island zu. Bei diesem Treffen wurde Masseria während eines Kartenspiels von einigen seiner treuesten Verbündeten erschossen. Unter ihnen hatte sich auch Vito Genovese befunden.

Nachdem Masseria nun ausgeschaltet worden war und Luciano seinen Teil der Abmachung erfüllt hatte, beendete Maranzano offiziell den Castellammarese-Krieg und setzte dem Blutvergießen ein Ende, zumindest für eine gewisse Zeit. Maranzano gab Luciano darüber hinaus seinen Segen, die ehemalige Familie Morello zu übernehmen, die bald darauf offiziell als Luciano-Familie bekannt werden sollte. In Anerkennung der Macht Maranzanos, der sich bald darauf zum neuen „Boss der Bosse" erklärte, wurde Luciano zu einem seiner hochrangigen Lieutenants. Luciano hatte seine Freunde darüber nicht vergessen: Vito Genovese, Frank Costello, Joey Adonis und auch Lucianos enger jüdischer Partner Bugsy Siegel konnten allesamt vom Aufstieg Lucky Lucianos profitieren, der nun auf dem vorläufigen Gipfel seiner Macht angelangt war. Lucianos Intrigen waren jedoch noch nicht zu Ende.

KAPITEL 3
DIE ÄRA VON „LUCKY" LUCIANO

Während eines Großteils der 30er Jahre wurde die Genovese-Familie von Charles „Lucky" Luciano dominiert, der zu den bekanntesten Gangstern der amerikanischen Geschichte gehört. Luciano repräsentierte dabei ein neues Zeitalter für die italo-amerikanische Mafia und seine Zeit als Boss war von so einigen Innovationen und nachhaltigen Errungenschaften geprägt. Seine kurze Herrschaft bildete einen Wendepunkt für das organisierte Verbrechen.

Die Fünf Familien

Ohne Masseria, dafür mit einer Reihe fähiger Gangster unter sich, hatte sich Salvatore Maranzano als mächtigster Mafioso New York Citys etabliert und schien geradezu unantastbar zu sein. Doch die Männer unter ihm waren nicht nur fähig, sondern auch äußerst ehrgeizig und so sollte Maranzanos Vorherrschaft nur von kurzer Dauer sein. Mit seiner altmodischen Art und der Neigung, die Geschäfte seiner Untergebenen an sich zu reißen, verärgerte er die falschen Leute, von denen viele einst aus vergleichbaren Gründen Masserias Crew verlassen hatten. Wieder einmal braute sich also Ärger in der Unterwelt der Mafia zusammen.

Einer von Maranzanos ersten Schritten nach der Beendigung des *Castellammarese-Krieges* beinhaltete die Umstrukturierung der New Yorker Mafia in die berüchtigten „Fünf Familien" (welche auch als Inspiration für die Fünf Familien in *Der Pate* dienten: Die fiktiven Familien *Barzini*, *Tattaglia*, *Cuneo*, *Stracci* und *Corleone*). Dieser Schritt sollte den Organisationen in New York City eine straffere Struktur verleihen und die Kontrolle und das Management der verschiedenen Familien effizienter werden lassen. Diese Neustrukturierung führte auch zu einer Festigung innerhalb der Mafiahierarchie. Von nun an gehörten vage Seilschaften mit undefiniertem Status und losen Kommandostrukturen der Vergangenheit an. Ab sofort sollte jede Familie nach demselben Schema aufgebaut sein (Boss > Unterboss > Capos > Soldaten > Verbündete), obgleich Nicht-Italiener vom Status des Vollmitgliedes ausgeschlossen blieben (was Luciano einst gestört hatte). Die Familien wurden damals von Joe Profaci, Tommy Gagliano, Vincent Mangano und natürlich von Lucky Luciano und Maranzano selbst angeführt. Darüber hinaus gab es auch eine inoffizielle „Sechste Familie", die in den 70er Jahren bekannt wurde - die Rizzutos, welche von Nicolo Rizzuto angeführt wurden und ihren Sitz in Montreal in Kanada, hatten. Die Rizzutos unterhielten stets enge Verbindungen zu den New Yorker Familien und waren später durch ihre anfängliche Allianz mit der Bonanno-Familie und dem folgenden Verrat durch die von den Rizzutos initiierten Morde an drei Bonanno-Capos im Jahre 1981 ins Blickfeld der Öffentlichkeit geraten.

Kurz nach dem Ende des Krieges und der Neuorganisation der „Fünf Familien" organisierte Maranzano ein Bankett in New York und eine große Feier zu seinen eigenen Ehren. Verschiedene prominente amerikanische Mafiosi waren dabei anwesend und Maranzano nutzte diese Gelegenheit, um sich als neuer *Capo di tutti Capi* zu präsentieren. Für viele von Maranzanos Untergebenen bedeutete dieser Schritt aber, was sie bereits befürchtet hatten: Das Leben unter Maranzanos Herrschaft würde damit so ähnlich wie das unter Joe Masseria verlaufen. Besonders ärgerlich war diese Erklärung für Luciano gewesen, dem das Grundkonzept eines einzigen obersten Bosses, der die gesamte Unterwelt kontrollieren sollte, wenig zusagte. Luciano betrachtete Maranzano nun als potenziell noch schlimmer als Masseria - er war gierig geworden und darauf aus gewesen, noch mehr Macht zu erlangen. Es versteht sich von selbst, dass innerhalb einer Organisation, in der jeder darauf aus ist, reich zu werden, übermäßige Gier keine beliebte Charaktereigenschaft ist.

Nur wenige Monate nachdem er zu Maranzanos Lieutenant ernannt worden war, beschloss Luciano, gegen den neuen *Capo di tutti Capi* vorzugehen. Etwa zur gleichen Zeit wurde Maranzano jedoch paranoid und befürchtete zu Recht, dass Luciano und dessen wachsende Machtbasis zu einer ernsthaften Bedrohung werden könnten. Besonders besorgniserregend war der Aufstieg von Luciano innerhalb der Führungsstruktur der „Unione Siciliana". Maranzano musste also schnell handeln und versuchte jetzt, Luciano zu überraschen, bevor es ihn selbst erwischen würde, aber wieder einmal rettete die Loyalität von Lucianos Freunden dessen Leben. Tommy Lucchese, verbündeter Mafioso und zukünftiges Oberhaupt der späteren Lucchese-Familie, bekam von dem geplanten Anschlag Wind und überbrachte die Nachricht an Luciano. Wie sich herausstellen sollte, sah Maranzanos Plan vor, Luciano, Costello und Genovese, also die drei wichtigsten Männer der Familie, umzubringen.

Am 10. September 1931 machten sich bewaffnete Männer, die als Gesetzeshüter verkleidet waren, auf den Weg, um Salvatore Maranzano, den „Boss der Bosse", zu töten. Der ausführende Attentäter war offenbar Abraham „Bo" Weinberg, ein jüdischer Gangster und Schmuggler aus Manhattan, der seinerseits eng mit der Schmugglerlegende Dutch Schultz verbunden gewesen war. Auch Lucchese selbst soll dabei gewesen sein, um Maranzano für die Auftragskiller identifizieren zu können, die dem Boss allesamt unbekannt gewesen waren. Zu dieser Zeit befand sich Maranzano in seinem teuren Büro im New York Central Building, auch bekannt als Helmsley Building, einem neu errichteten palastartigen Wolkenkratzer an der Park Avenue in Manhattan. Dieses Büro hatte ihm als Hauptquartier für seine Operationen in den Bereichen Schmuggel und Dokumentenfälschung gedient und hierher hatte Maranzano auch Luciano, Costello und Genovese zu einem Treffen einbestellt. Luciano nahm an, dass es ihr letztes sein sollte.

Kurz bevor Lucianos potenzielle Mörder in Maranzanos Büro eintreffen konnten, um auf ihre drei Zielpersonen zu warten, hatten Bo Weinberg und seine verkleideten Komplizen das Büro betreten und forderten dort die anwesenden Männer dazu auf, sich zu ergeben. Da Maranzano und seine Partner es in der Regel vermieden hatten, mit Nicht-Italienern zusammenzuarbeiten, erkannten seine Männer auch nicht jene jüdischen Gangster, die sich gerade als Behördenmitarbeiter ausgaben. Letztlich war es also eben jene jüdische Verbindung Lucianos gewesen, die Maranzano so abstoßend gefunden hatte, welche es Lucky nun ermöglichte, ihn zu überrumpeln. Die falschen Polizisten hatten Maranzanos Leibwächter entwaffnet, worauf dieser nun vollkommen schutzlos war. Maranzano, der erst seit etwa fünf Monaten *Capo di tutti Capi* gewesen war, wurde mit zahlreichen Schuss- und Stichwunden tot in seinem Büro aufgefunden. Er war das einzige Opfer am Tatort geworden.

Maranzano sollte jedoch nicht das einzige Opfer an diesem Tag bleiben - Luciano und seine Verbündeten hatten eine massive, koordiniert stattfindende Anschlagsserie auf Maranzanos Verbündete arrangiert. Schätzungen zufolge wurden insgesamt zwischen 30 und 90 Maranzano zugehörige Männer im ganzen Land getötet. Die Anschläge fanden zwar in den folgenden Tagen verteilt statt, aber viele davon bereits innerhalb der ersten Stunde nach Maranzanos Erschießung. Die vorsichtigsten Quellen behaupten zwar, dass ein solcher durchkoordinierter „Massenmord" gar nicht stattgefunden hatte, unabhängig davon waren Maranzanos Familie und seine landesweiten Verbindungen neutralisiert und die „alte Garde" der sizilianischen Mafia im Zuge dessen völig dezimiert worden. Der Kampf zwischen den Vertretern des Traditionalismus und den Verfechtern der Amerikanisierung, der sich während des Castellammarese-Krieges bereits zugespitzt hatte, war nun vorbei - und Lucianos jüngere und aufgeschlossenere Männer waren als Sieger hervorgegangen.

Es wird behauptet, dass ein bekannter Mafiakiller namens Vicent Coll, der für 25.000 US-Dollar angeheuert wurde, um Luciano, Costello und Genovese zu ermorden, sich gerade dem Eingang zu Maranzanos Bürogebäude näherte, als dessen Killerkommando die Flucht antrat. Coll selbst soll daraufhin umgehend geflohen sein. Es war übrigens nicht das erste Mal, dass Coll mit Weinberg und dem Rest von Schultz' Leuten in Konflikt geraten war. Bereits zuvor, im Sommer 1931, hatte Coll den Auftrag erhalten, den Schultz-Verbündeten Joseph Rao zu ermorden, der mit Schultz im Schmuggelgeschäft tätig gewesen war. Colls Name war im Anschluss weithin berüchtigt, nicht weil es sich um einen erfolgreichen Auftragsmord der höchsten Kategorie gehandelt hatte, sondern weil das Vorhaben kolossal gescheitert war. Nicht auf Rao, sondern auf mehrere Kinder war geschossen worden, von denen eines verstarb - diese Tragödie brachte Coll den Spitznamen „Mad Dog" ein. Erst nach dem gescheiterten Attentat auf der Park Avenue im September wurde Coll vor Gericht gestellt und schließlich freigesprochen, doch seine Zeit war trotz allem so gut wie abgelaufen. 1932 eliminierte Schultz Coll und einen Großteil seiner Crew. Weinberg, der Hauptakteur des Maranzano-Anschlags, war auch an der Ermordung von Coll beteiligt gewesen.

Nach Maranzanos Tod und der Zerstörung seines Netzwerks wurde Charles „Lucky" Luciano der mächtigste Mafiaboss in ganz New York, unter ihm mächtige Protagonisten wie Vito Genovese und Frank Costello. Niemand hätte sonderlich überrascht sein dürfen, wenn Luciano die Gelegenheit genutzt hätte, sich zum neuen *Capo di tutti Capi* zu erklären, wie es damals üblich gewesen wäre. Aber Luciano, der mindestens schon seit der Masseria-Ära ein Problem mit diesem inoffiziellen Titel gehabt hatte, weigerte sich, dies zu tun. Stattdessen schaffte er diese Position einfach ab, weil er sie für einen Quell unnötiger Konkurrenz, bösen Blutes und vermeidbarer

Spannungen zwischen den Familien hielt. Überhaupt war Luciano der Aufmerksamkeit der Medien im Allgemeinen abgeneigt und hatte wahrscheinlich ohnehin nicht in eine so prominente Position gelangen wollen. In den Jahren vor seinem endgültigen Aufstieg in der Unterwelt wurde Luciano auch nur äußerst selten in den Medien erwähnt, er war eben ein Mann, der es vorzog, im Verborgenen zu operieren. Es wird auch vermutet, dass Luciano, der in vielerlei Hinsicht ein Revolutionär gewesen war, jene Zeremonie abschaffen wollte, mit der die „Made Men" in die Mafiafamilien aufgenommen wurden. In Rahmen seines Kreuzzuges gegen die alten Traditionen der sizilianischen Mafia war er zu der Überzeugung gelangt, dass die zeremoniellen und symbolischen Riten der Mafia überflüssig geworden waren. Interessanterweise war es schließlich Vito Genovese, der Luciano angeblich davon überzeugen konnte, am Konzept der „Made Men" festzuhalten.

Da Lucianos Vormachtstellung nun gänzlich unangefochten war, verlor er keine Zeit mit der Expansion seiner Organisation oder der anderer Familien. Die Luciano-Familie operierte innerhalb der üblichen Geschäftsfelder: Kreditwucher, Schutzgelderpressung und Glücksspiel, doch Luciano dehnte seine Aktivitäten nun auch auf andere Märkte aus. Er baute seinen Prostitutionsring stark aus, verstrickte sich in Gewerkschaftsbetrügereien und Drogenhandel und war maßgeblich an der Übernahme der Geschäfte an Manhattans Waterfront und im Garment District durch die Mafia beteiligt. Da Luciano aber die Position des „Boss der Bosse" nicht mehr zur Verfügung stand und ihm ein genereller Überblick über alle Mafia-Aktivitäten fehlte, musste er einen Weg finden, die Kontrolle über jene Organisationsstruktur zu behalten, die er mit viel Mühe und Intrigen aufgebaut hatte. Zu diesem Zweck berief er Ende 1931 ein

Treffen in Chicago ein, von dem die meisten Mafiosi annahmen, dass es seine Zeremonie werden sollte, um sich zum *Capo di tutti Capi* zu krönen. Bei diesem Treffen verschiedener mächtiger Mafiabosse schlug Luciano etwas vor, das bis heute allgemein als seine überragendste Errungenschaft und sein größter Beitrag zur Subkultur der Mafia angesehen wird - die sogenannte *Kommission*.

Die Kommission

Seit dem Beginn seiner Herrschaft hatte Luciano versucht, sowohl die Struktur als auch die Methoden der Mafia zu revolutionieren. Luciano verachtete dabei das, was er als sinnlose Konflikte zwischen den einzelnen Familien ansah: Revierkämpfe, Rachemorde und ähnliches. Damit nun alle erfolgreich sein konnten, mussten kleinliche Streitigkeiten auf ein Minimum reduziert werden. Schließlich hatten die jahrelangen Machtkämpfe das sizilianisch-amerikanisch geprägte organisierte Verbrechen für die Regierung und ihre Strafverfolgungsbehörden angreifbar gemacht. Je mehr Mafiosi verhaftet und strafrechtlich verfolgt wurden, desto wahrscheinlicher wurde es auch, dass die Gesamtstruktur entblößt werden würde. Jede Mafiafamilie im Land hatte tatsächlich einen gemeinsamen Feind.

Schließlich schlug Luciano ein nationales, einer Konföderatrion ähnelndes Gremium für die Mafia vor, das in regelmäßigen Abständen zusammenkommen sollte, um die dringendsten Probleme der Mafia im Kollektiv zu besprechen. Seine Aufgabe sollte es hierbei sein, bei Streitigkeiten zwischen zwei oder mehreren Mafiosi oder Familien als Vermittler oder Schiedsgericht zu fungieren, um im Idealfall eine Eskalation der Gewalt vermeiden zu können. Streitigkeiten aller Art sollten an dieses Gremium herangetragen werden können, das auch als Aufsicht über die Aktivitäten der Mafia fungieren sollte. Beispielsweise sollten Mafiosi, die zu besonders drastischen Maßnahmen greifen wollten (wie wir noch erfahren werden, gehörten dazu auch politische Morde), zunächst einmal bei diesem Gremium vorstellig werden, um dessen Zustimmung einzuholen.

Auf diese Weise würde die *Kommission* sowohl die Machtkämpfe innerhalb der Organisationen eindämmen als auch das Licht der Öffentlichkeit reduzieren können, indem man „unkontrollierte" oder eigensinnig handelnde Akteure in Schach halten konnte. Bei diesem Treffen wurde auch die dauerhafte Tradition der Unantastbarkeit der „Made Men" ins Leben gerufen. Konkret beschloss man, dass ein „Made Man" gegen Anschläge von Gangstern, die selbst diesen Status nicht inne hatten, geschützt sein sollten. Nur ein anderer „Made Man" sollte fortan einen solchen Anschlag genehmigen und exekutieren dürfen, während gleichzeitig die Tötung eines „Made Man" durch einen Außenstehenden mit Vergeltung durch den Tod bestraft werden sollte. Das Gremium, das später unter dem Namen „Die Kommission" Berühmtheit erlangen sollte, wurde von einer Gruppe nationaler Mafia-Größen und Gleichgesinnter in Capones Heimatstadt Chicago von Luciano abgesegnet.

Die Existenz der „Kommission" ist ein weiterer Beweis für den bereits erwähnten „populären Assoziationismus" der Mafia, also die Tendenz, sich in legitime Institutionen einzuschleusen. Dieser Umstand manifestiert sich sowohl auf der Mikroebene, wenn die Familien etwa ehrliche Unternehmen als Fassade oder als Geldwaschanlage nutzen, als auch auf der Makroebene, wenn sich die

Familien in der regionalen und nationalen Politik engagieren. Anhand des Beispiels der „Kommission" können wir erkennen, wie die Mafia eine neue Institution schuf, welche auf den etablierten amerikanischen politischen und wirtschaftlichen Institutionen basierte. Der Name „Die Kommission" erinnert nicht zufällig an politische Kongressausschüsse, sogar an eine Art Aufsichtsrat, der als oberstes Verwaltungsgremium diente und sich eindeutig an Unternehmensvorständen und Investmentgruppen orientierte, war gedacht worden. „Die Kommission", die mit einer Art Oberstem Gerichtshof der Mafia verglichen wurde, repräsentierte auch das neue Zeitalter der vollständig amerikanisierten Mafia sizilianischen Ursprungs. Ganz im Sinne amerikanischer Werte hatte sich die italo-amerikanische Mafia nun völlig von ihren Vorfahren in der alten Welt abgekoppelt.

Die erste Gruppe dieser obersten Hüter der „Kommission" bestand aus sieben prominenten Mafiosi. Dazu gehörten die Bosse der fünf Familien von New York City. Vincent Mangano, Joe Profaci, Tommy Gagliano und Lucky Luciano selbst waren besonders bekannte Gesichter, aber Joseph Bonanno, ehemaliger Untergebener Maranzanos und Überlebender des Castellammarese-Krieges, war als neuer Boss der frisch umbenannten Familie dabei. Auch Stefano Magaddino, auch bekannt als „The Undertaker", ein mächtiger Mafiaboss mit Sitz in Buffalo/New York war ein Teil davon. Sein Einfluss reichte bis nach Montreal in Kanada, also in eine Stadt, welche von der sizilianisch-kanadischen Rizzuto-Familie in den 70er Jahren dominiert werden sollte. Den siebten Platz auf der Top-Liste belegte der vielleicht berühmteste Mafioso und Schmuggler aller Zeiten: Der aus Chicago stammende und in den USA geborene Alphonse „Scarface" Capone, dessen Vorherrschaft über das Verbrechen im Mittleren Westen der Vereinigten Staaten nicht zu leugnen war. Lucky Luciano selbst wurde der oberste Vorsitzende dieses „Aufsichtsrats".

Die Kommission sollte nicht nur als friedenserhaltendes Verwaltungsorgan dienen, sondern auch eine engere Zusammenarbeit zwischen Mafiaorganisationen in weit entfernten Teilen des Landes ermöglichen. Die Netzwerke innerhalb dieser Allianz wurden nun national statt regional und es wurde fortan möglich, bei großen, staatenübergreifenden Geschäftsvorhaben zu kooperieren. Ein weiterer Nebeneffekt bestand darin, eine Menge Feindseligkeit beseitigen zu können, die in der Welt der Mafia entstanden war. Luciano hatte sich ein enormes Ansehen in der landesweiten Unterwelt erworben, denn er war unbestritten der mächtigste Boss des Landes, weigerte sich aber dennoch, diesen Titel auch anzunehmen. Obwohl er nun den obersten Vorsitz innehatte, bestand Luciano darauf, dass die Kommission nach demokratischen Grundsätzen geführt werden und dass jedes Mitglied bei Entscheidungen eine Stimme haben sollte, die genauso viel Gewicht haben würde wie alle anderen. Um machthungrige Opportunisten abschrecken zu können, sollte die Kommission sogar für die Inthronisierung neuer Bosse der einzelnen Familien zuständig sein.

Für viele war Luciano so etwas wie der selbstlose Chef, dem das gemeinsame Wohlergehen wichtiger war als Habgier, Rache und Größenwahn. Luciano wird bezüglich seiner Beweggründe folgendermaßen zitiert: „Ich habe ihnen erklärt, dass wir einem Business angehören, in dem es nicht alle zwei Minuten zu Eskalationen kommen darf oder in dem wir Leute umlegen, nur weil sie aus einem anderen Teil Siziliens stammen. Das rückt uns in ein schlechtes

Licht und wir können zu keiner Kooperation gelangen, ehe das aufhört" *(Gosch and Hammer, 2013)*. Im Vergleich zu anderen Mafiabossen war Lucky Luciano also sicherlich einzigartig.

Lucianos Mafia-Revolution wurde größtenteils ein Erfolg. Die Treffen zur Gründung der „Kommission" blieben von den Strafverfolgungsbehörden unbemerkt und so wurde die weitreichendste Mafia-Struktur, die es jemals gab, direkt vor ihrer Nase aufgebaut. Die Familien genossen fortan mehr Sicherheit und höhere Profitabilität als in den gewalttätigen Jahren der Kriege von Mafia-Camorra und Castellammarese zuvor. Das Jahr 1931 war in den Vereinigten Staaten eine Zeit nie dagewesener wirtschaftlicher Unsicherheit, hoher Arbeitslosigkeit und lähmender Armut. Die finanzielle Lage der meisten Amerikaner war völlig unterminiert, doch die Mafia hatte mit solchen Schwierigkeiten nicht zu kämpfen. Unter Lucianos neuer Organisationsstruktur konnte das Monopol der Mafia auf alle Arten von Laster florieren, während andere in den ersten Jahren der Großen Depression zu leiden hatten.

Das neue System sollte nun auch die hohe Fluktuation der Bosse in den einzelnen Familien eindämmen. Durch mehr Frieden und bessere Zusammenarbeit verringerte sich das Risiko, dass die Bosse noch von Rivalen ermordet wurden. Gleichzeitig trug das neue System auch dazu bei, die Bosse weiter von den eigentlichen illegalen Geschäften fernzuhalten, die von rangniedrigeren Mitgliedern ausgeführt wurden. Auf diese Weise wurden die Bosse auch besser vor der Strafverfolgung geschützt. Auch diese Errungenschaft, wie schon die geringere Fluktuation bei den Familienoberhäuptern, trug zu mehr Stabilität und länger anhaltenden Allianzen bei. Bemerkenswerterweise solte ausgerechnet Luciano das einzige hochrangige Mafiamitglied seiner Zeit werden, das in irgendeiner Weise verurteilt werden konnte und zu seinem Pech erfolgte seine Verurteilung nur wenige Jahre, nachdem er das organisierte Verbrechen revolutioniert hatte.

In den ersten Jahren nach ihrer Gründung hatte „Die Kommission" keine größeren Herausforderungen zu bewältigen, da die Arbeit recht reibungslos verlief. Das änderte sich aber im Jahre 1935, als Staatsanwalt Thomas Dewey damit begann, gegen die Mafia zu ermitteln. Dewey war in vielerlei Hinsicht ein Vorkämpfer und ging entsprechend aggressiv gegen die Mafia vor. Aus genau diesem Grund wurde er vom damaligen Gouverneur von New York, Herbert Lehman, zum Sonderstaatsanwalt ernannt, nachdem der Vorwurf aufgekommen war, gegenüber den Mafiaaktivitäten in New York City zu nachgiebig zu sein. Man war der Meinung, dass sich die Regierung des Bundesstaates zu sehr auf die Bekämpfung der angeblichen kommunistischen Bedrohung konzentrierte, während sie gleichzeitig dem organisierten Verbrechen in New York freien Lauf ließ.

Mithilfe der Unterstützung des bekannten Bürgermeisters von New York City, Fiorello „The Little Flower" La Guardia, begann Dewey nun mit der Rekrutierung für seine Operation gegen die Mafia. La Guardia war ein ebenso aggressiver Verfechter der Beseitigung der Mafia-Kriminalität. Vito Genovese blieb von der Verfolgung in den 30er Jahren weitgehend verschont: Stattdessen waren es Luciano und Costello, die La Guardias Entschlossenheit zu spüren bekommen sollten. Dewey trieb eine für die Mafiabosse verheerende Änderung der New Yorker Gesetzgebung voran, die es nicht zugelassen hatte, dass mehrere Anklagen und Angeklagte in einem einzigen Prozess verhandelt werden konnten. Dieses Gesetz hatte zur Folge gehabt, dass die Verfolgung von ranghohen Mitgliedern, die nur am Rande mit den verhandelten Verbrechen zu tun hatten, unglaublich schwierig gewesen war. Nachdem Dewey die Gesetzgebung erfolgreich geändert hatte, konnten durch die Verhandlung verschiedener Anklagen in einem einzigen Prozess nun auch unterschiedliche Verbindungen zum Boss der Familie hergestellt werden. Hierdurch gestärkt, verfolgte Deweys Team von nun an eine ganze Reihe von kriminellen Machenschaften, für die die Mafia bekannt war, darunter das von der Mafia betriebene italienische Lotteriegeschäft und die Prostitution. Letztere war es schließlich auch, die Luciano schließlich zum Verhängnis werden sollte.

Zu einem der ersten großen Erfolge von Deweys Ermittlungen wurde jener Fall, den sein Team gegen den jüdischen Gangster und Luciano-Verbündeten Dutch Schultz aufgebaut hatte. Schultz war Dewey schon seit geraumer Zeit bekannt gewesen, er wurde 1933 angeklagt. Nachdem der erste Prozess gegen Schultz noch ohne nennenswerte Resultate zu Ende gegangen war, drohte ihm die Staatsanwaltschaft nun mit einer Verurteilung wegen Steuerhinterziehung. Schultz wurde im Laufe des Prozesses immer paranoider und unberechenbarer. Schließlich beschloss er, Dewey ermorden zu lassen, um die Ermittlungen gegen ihn zu stören und den damaligen obersten Strafverfolger beseitigen zu können. Selbst für die Mafia war dieses Vorgehen jedoch zu radikal. Unter früheren Umständen hätte Schultz aus eigenem Antrieb handeln und den Mord mit seinen eigenen Männern durchführen können, nun jedoch war die Ära von Luciano und der „Kommission" angebrochen.

Um sich an das neue System zu halten, berief Schultz im Jahre 1935 also ein Treffen mit der Kommission ein und bat um die Erlaubnis, den Anschlag auszuführen, da Deweys Vorgehen eine Bedrohung für die gesamte Mafia darstellte, nicht nur für ihn selbst. Er hatte mit dieser Annahme nicht Unrecht, doch der Kommission und ihren obersten Mitgliedern ging diese Maßnahme dennoch zu weit. Dass die Beseitigung von Dewey alle Mafia-Ermittlungen verzögern und einen einflussreichen Feind der Mafia von der Bildfläche verschwinden lassen würde, war sicherlich zutreffend, aber dabei würde es nicht bleiben. Die Ermordung einer derartigen prominenten Persönlichkeit nationalen Interesses, die sich mitten in einer umfassenden Ermittlung gegen die Mafia befand, konnte zweifellos ein Feuerwerk der Aufmerksamkeit auf die Mafia auslösen und würde ein noch brutaleres, landesweites Durchgreifen zur Folge haben. Schultz, einem renommierten und gut vernetzten Gangster, wurde die Erlaubnis also verweigert.

Schultz wurde daraufhin unglücklicherweise nur noch wütender und verzweifelter. Er setzte sich über die Entscheidung der Kommission hinweg und teilte den Vorsitzenden mit, dass er Dewey auf jeden Fall töten würde, bevor er die Tagung verließ. Einige Zeit später kam Schultz' Gangsterkollege Albert Anastasia mit der Nachricht zu Luciano, dass Schultz die Beseitigung von Dewey in die Wege geleitet hatte. Nun war klar geworden, dass Schultz' sprunghaftes Verhalten und sein Ungehorsam gegenüber der neuen *Kommission* nicht toleriert werden konnten. Nach reiflicher Überlegung beschloss man also, Schultz zu ermorden, bevor er der gesamten Organisation irreparablen Schaden zufügen konnte.

Im Oktober 1935 wurde Schultz von einem Killerkommando erschossen, als er sich gerade mit Verbündeten im Newarker Restaurant-Pub „Palace Chop House" getroffen hatte. Ein von Anastasia beauftragtes Killerkommando betrat das Restaurant und eröffnete sowohl auf Schultz als auch auf alle drei seiner Männer das Feuer. Keiner von ihnen verstarb jedoch auf der Stelle und die Attentäter wurden in die Flucht geschlagen, bevor alle vier in Krankenwagen abtransportiert wurden. Im Krankenhaus veränderte sich die Situation der Verwundeten jedoch dahingehend, dass alle Männer am Folgetag verstarben. Interessanterweise war Schultz angeblich zum Katholizismus konvertiert, als er versucht hatte, Luciano von seinem Attentatsplan abzubringen, und hatte offenbar vor seinem Tod im Krankenhaus noch um die Absolution ersucht. Am Ende war wohl Schultz' aufbrausendes Temperament die Ursache, die sowohl zu seinem Erfolg als auch zu seinem Ableben geführt hatte. Schultz war nun beseitigt und eine mögliche Krise abgewendet, aber die Gefahr, die von Dewey ausging, war damit nicht gebannt.

Schwindendes Glück

Nachdem Dutch Schultz als Ziel für die Strafverfolgung ausgeschieden war, lenkte Dewey den Fokus seines Kreuzzuges auf den inoffiziellen Boss der gesamten italo-amerikanischen Mafia - auf Lucky Luciano selbst. Aufgrund seines Charakters und seiner Geschäftspraktiken war Luciano eine relativ unbekannte Figur, obwohl er ja immerhin der mächtigste Gangster des Landes war. Selbst für viele Strafverfolgungsbehörden war er eine unbekannte Variable. Auch wenn Dewey das Ausmaß von Lucianos Macht wahrscheinlich nicht klar gewesen war, so wusste er dennoch, dass Luciano ein hochrangiger Verbrecher war, der mit der Mafia in Verbindung gestanden haben musste. Schließlich waren seine zweifelhaften Verbindungen wie auch die Diskrepanz zwischen seinem offiziellen Einkommen und seinem offensichtlich hohen Lebensstandard offensichtlich. Einkommens- und Steuerdelikte waren damals eine der wenigen zuverlässigen Hebel, um Mafiabossen beikommen zu können und so wurden auch Lucianos Finanzen von Dewey und seinem Team genau unter die Lupe genommen. Luciano war nun fest im Fadenkreuz von Deweys Kreuzzug angekommen.

Eine weitere Schlüsselfigur bei Lucianos Sturz war die stellvertretende Generalstaatsanwältin Eunice Carter. Carter beschäftigte sich vor allem mit den Prostitutionsringen der Mafia, einem von Lucianos profitabelsten Geschäftszweigen, und veranlasste Dewey dazu, sich ebenfalls verstärkt mit Prostitution als mit Steuer- oder Einkommensdelikten zu befassen. Carter organisierte und leitete nun die Razzien in Dutzenden von verdächtigen Bordellen New Yorks. Die Taktik, auf die Carter dabei zurückgriff, erwies sich als raffiniert und äußerst effektiv. In einer Zeit, in der die Mafia besser organisiert war als je zuvor und auch die *Omertà* immer noch sehr ernst genommen wurde, war es für die Strafverfolgungsbehörden schwierig, bereitwillige und kooperative Zeugen aus den Mafiastrukturen loszueisen. Selbst jüdische Gangster wie die Verbündeten von Schultz bei seiner Ermordung 1935 hatten sich geweigert, der Polizei im Krankenhaus Informationen über ihre Angreifer preiszugeben, bis sie von ihrem Vorgesetzten die ausdrückliche Erlaubnis dazu erhalten hatten.

Angesichts dieser Sachlage nahmen Carter und Dewey stattdessen diejenigen ins Visier, die einerseits zwar mit den Vorgängen vertraut waren, aber nicht an einen Schweigekodex gebunden waren - die Prostituierten selbst. Bei den Razzien wurden zahlreiche Prostituierte und Bordellbetreiberinnen verhaftet und mit einer Anklage wegen Anstiftung zur Prostitution bedroht. Deweys Team erkannte dabei schnell, dass die Prostituierten, von denen viele angaben, regelmäßig von Mafia-Mitgliedern und Verbündeten missbraucht worden zu sein, nur allzu bereit zu sein schienen, mit den Strafverfolgungsbehörden zu kooperieren, um im Gegenzug Schutz zu erhalten und einer harten Gefängnisstrafe entgehen zu können. Es ist jedoch denkbar, dass die Angaben der Prostituierten nicht immer zutreffend waren, denn wenn sie den Ermittlern nicht die gewünschten Informationen gegeben hätten, so konnte dies immerhin die eigene Inhaftierung zur Folge haben.

Im Laufe der Gespräche mit den Prostituierten und Bordellbetreiberinnen konnte Luciano zum ersten Mal direkt mit einem Verbrechen in Verbindung gebracht werden. Man benannte ihn als Anführer eines riesigen Prostitutionsrings in den Vereinigten Staaten, der schlicht als „The Combination" bekannt war. Dieser Ring bestand aus Hunderten von Etablissements und Tausenden von Prostituierten, nur allein in Brooklyn und Manhattan. Deweys Team hatte außerdem herausgefunden, dass Davie Betillo, ein bekannter Geschäftspartner Lucianos, das Management zahlreicher Bordelle in der Gegend leitete. Zusätzliche Informationen, die durch sorgfältiges Abhören von Lucianos Bordellen gewonnen werden konnten, verstärkten die Beweislast.

Nach den Razzien war Luciano klar geworden, dass Dutch Schultz' einstige Befürchtungen bezüglich Dewey völlig berechtigt gewesen waren. Er befürchtete nun seine unmittelbar bevorstehende Verhaftung und floh kurzerhand aus New York City nach Arkansas. Die dortige Stadt Hot Springs hatte eine notorisch korrupte Stadtverwaltung, die leicht von mächtigen und gut vernetzten Mafiosi für sich genutzt werden konnte, wodurch die Stadt zu einer Art Zufluchtsort für flüchtige Gangster geworden war. Die Ermittlungen wurden trotz Lucianos Abwesenheit fortgesetzt und schließlich versuchte sich Deweys Team daran, Luciano wegen der Organisation von Zwangsprostitution in New York City in fast hundert Fällen verantwortlich zu machen. Der mit den New Yorker Ermittlern kooperierende Staat Arkansas wollte Luciano nach New York zurückschicken und ließ ihn nun bis zu dessen Anhörung vorläufig festnehmen. Dass ein Mann wie Luciano an einen Ort geflohen wäre, an dem er keine Freunde in hohen Positionen gehabt hatte, war jedoch abwegig. Lucianos Kaution wurde schließlich vom Chief Detective von Hot Springs höchstpersönlich gestellt.

Luciano war also wieder auf freiem Fuß, aber das sollte nicht lange so bleiben. Dewey wusste, wo sich Luciano aufhielt (anscheinend hatte ein befreundeter Detective Lucky erkannt und dem leitenden Ermittler einen Tipp gegeben) und so führte Lucianos Bestechung von Beamten des Staates Arkansas zu keinem Ergebnis. Bevor Lucianos Organisation und sein Anwaltsteam ihn schützen konnten, stürmten die Ermittler bereits seinen Unterschlupf in Arkansas und nahmen ihn fest. Deweys Team verbrachte Luciano nun mit einem starken Sicherheitsaufgebot zurück nach New York City, da man befürchtete, dass die Luciano-Familie einen Befreiungsversuch unternehmen würde. Luciano sollte nun zusammen mit einigen seiner engsten Mafiosi wegen Prostitution vor Gericht gestellt werden.

Im Mai 1936 begann Lucianos Prozess. Dewey fungierte als Hauptankläger und präsentierte Dutzende von Prostituierten, Puffmüttern und Zuhältern, die als Zeugen gegen Lucky aussagen sollten und diese Zeugen sagten auch zuverlässig aus, dass sie von den Betreibern von „The Combination" zur Prostitution gezwungen worden waren. Die durch die Weltwirtschaftskrise hervorgerufene Notlage hatte den Zeuginnen und Zeugen keine Wahl gelassen und Dewey arbeitete nun heraus, dass die angeklagten Männer die Not ihrer Opfer skrupellos ausgenutzt hatten. Deweys gesamte Strategie drehte sich darum, Luciano als brutalen, unmoralischen Zuhälter darzustellen und ihn gleichzeitig als den wichtigsten Kopf und Architekten von „The Combination" zu präsentieren.

Inwieweit Luciano tatsächlich an „The Combination" beteiligt gewesen war, ist umstritten, aber das sollte damals kaum eine Rolle spielen. Unter Deweys Führung sagten zahlreiche Namen auf seiner Zeugenliste aus, dass Luciano der Mann an der Spitze der Befehlskette innerhalb des Prostitutionsrings gewesen war. Dass viele der Prostituierten auch über die brutalen Misshandlungen aussagten, die sie als Disziplinarmaßnahmen von Lucianos Männern erleiden mussten, war für Luciano ebenfalls nicht hilfreich gewesen. Prostituierte, die sich nicht benahmen oder nicht genug verdienten, waren offenbar systematisch bedroht, verprügelt und manchmal auch körperlich entstellt worden. Dewey hatte in diesem Fall eindeutig die Moralfrage auf seiner Seite.

Die von Lucianos Verteidigung vorgebrachten Argumente konnten kaum punkten. Lucianos Anwälte hatten versucht, Dewey als opportunistischen Karrieristen darzustellen, der diesen Kreuzzug nur seines eigenen Namens und seiner Karriere wegen angezettelt hatte.

Seine Anwälte verwiesen ebenfalls darauf, dass die belastendsten Aussagen gegen Luciano von Zeugen stammten, die erwiesenermaßen drogenabhängig und kriminell waren und denen man folglich nicht trauen konnte. Luciano selbst spielte derweil den Unwissenden. Er behauptete, keinen der angeblichen „Zeugen" je persönlich getroffen zu haben und behauptete darüber hinaus sogar, seine Mitangeklagten aus demselben Prozess nicht zu kennen (dies war der erste gemeinsame Prozess nach den neuen New Yorker Regularien gewesen). Der charismatische Luciano scherzte sogar, dass er zwar Geld an Bordelle „gespendet", aber niemals von ihnen profitiert gehabt hätte.

Doch all diese Bemühungen waren vergeblich. Trotz der Anschuldigungen seiner Verteidigung, Dewey sei unprofessionell und nur auf seinen Ruf bedacht, nahm der leitende Staatsanwalt Lucianos Geschichte gekonnt auseinander. Dewey hatte Luciano den größten Teil der Verhandlung über in der Zange, indem er ihn immer wieder auf Ungereimtheiten in seinen Aussagen hingewiesen hatte. Genau das machte sich bemerkbar - Luciano war sichtlich durcheinander, während Dewey mit seiner Befragung fortfuhr. Dewey deckte auch Lucianos offensichtlichen Steuerbetrug auf. Luciano hatte ein pompöses Leben geführt und obwohl er im Allgemeinen keine Aufmerksamkeit auf sich gezogen hatte, war sein verschwenderischer Lebensstil dennoch nicht unbemerkt geblieben. Dewey lenkte die Aufmerksamkeit der Geschworenen auf eine massive Diskrepanz: Nach Angaben der US-Regierung lebte Luciano offiziell von einem Jahreseinkommen von weniger als $25.000. Lucianos Schlagfertigkeit ließ ihn nun im Stich und die Argumente gingen ihm aus. Auch seine bekannt gewordenen Verbindungen zu dem berüchtigten Al Capone schienen nicht zuträglich zu sein.

Dewey und die Staatsanwaltschaft konnten Luciano außerdem dazu bringen, zuzugeben, dass er Mitte der 20er Jahre einmal die *Omertà* gebrochen hatte. Er hatte offenbar mit der Polizei zusammengearbeitet, um die Ermittlungen gegen einen Drogenhändler zu unterstützen. Ungeachtet dessen war der Respekt, den Luciano genoss, weitgehend erhalten geblieben, auch nachdem er schließlich inhaftiert worden war. Trotz des Umstandes, dass Deweys Beweise gegen Luciano technisch gesehen keineswegs erdrückend gewesen waren, hatte sich Lucky selbst in die Bredoullie geredet. Dass Luciano selbst ausgesagt hatte, hatte sich als großer Fehler entpuppt und letztlich waren es höchstwahrscheinlich Lucianos eigene Nerven und seine Unbeherrschtheit gewesen, die ihm zum Verhängnis geworden waren. Im Juni 1936 stimmten die Geschworenen für eine Verurteilung wegen Prostitution, und Charles „Lucky" Luciano wurde zu 30 bis 50 Jahren Haft verurteilt.

Luciano war nun für Jahrzehnte weggesperrt und Dewey gleichzeitig ins landesweite Rampenlicht gerückt. Genau wie zuvor von Lucianos Anwälten dargelegt, profitierten Deweys Ruf und sein beruflicher Erfolg nun in hohem Maße von Lucianos Verurteilung. Dewey wurde zum Gouverneur von New York berufen und führte während des Zweiten Weltkriegs sogar einen erfolgreichen Wahlkampf für die republikanische Präsidentschaftskandidatur (wenig überraschend gewann jedoch der Demokrat Franklin D. Roosevelt und holte seine vierten Präsidentschaftswahl in Folge). Deweys Person diente sogar als Vorlage für die Hauptfigur in dem 1937er Film *Marked Woman*, gespielt von Schauspiellegende Humphrey Bogart. Dewey war nun berühmt geworden und das alles wegen eines Prozesses, der bis heute sehr umstritten ist. Luciano war zweifellos ein Krimineller und hatte eine Gefängnisstrafe verdient, aber die Beweislage in diesem Fall, der zu Lucianos Verurteilung geführt hatte, blieb dennoch strittig. Lucianos Geschichte war gewiss nicht die einzige gewesen, die nicht gestimmt hatte und viele von Deweys Zeugen sagten sicherlich aus Angst davor, selbst verurteilt zu werden, aus. Unabhängig davon, ob dies unter dem Druck von Mafiaschlägern geschah oder nicht, so ist es doch bemerkenswert, dass die meisten der Hauptzeugen des Prozesses ihre Aussagen im Anschluss an Lucianos Verurteilung widerriefen.

Luciano wurde ins Hochsicherheitsgefängnis Clinton Penitentiary in der Stadt Dannemora/New York verbracht. Sein Häftlingsleben dort soll jedoch keineswegs hart gewesen sein. Man berichtete, dass Luciano ein beinahe königliches Leben führte, so annehmlich, wie es im Gefängnis nur möglich gewesen war. Es ist davon auszugehen, dass viele Gefängniswärter und Vollzugsbeamte Vergeltung für den Fall befürchtet hatten, dass Luciano schlechter behandelt worden wäre. Immerhin war dessen kriminelle Vergangenheit zu diesem Zeitpunkt schon landesweit bekannt. Luciano sollte nun bis zu 50 Jahre absitzen, was durchaus mit dem Tod hinter Gitter hätte enden können, doch sein Schicksal sollte eine andere Wendung nehmen.

Lucianos faszinierendes Leben sollte im Zuge des Zweiten Weltkriegs eine Fortsetzung finden. Im Jahr 1942 kam es zu einem Treffen zwischen Luciano und der US-Navy, das zum Teil von Lucianos Partner Meyer Lansky vermittelt worden war. Zu dieser Zeit wuchs die Sorge des US-Militärs über eine mögliche Infiltration seitens der Kriegsgegner über das New Yorker Hafenviertel, das wiederum ein wichtiger Ankerpunkt für europäische Einwanderer gewesen war. Man wusste auch, dass jene Organisation, deren Anführer Luciano immer noch gewesen war, dieses Gebiet beherrschte. Im Gegenzug für Informationen bot die Regierung an, Luciano aus dem Gefängnis zu entlassen. Nach dem Ende des Krieges wurde Luciano dann tatsächlich freigelassen, allerdings unter der Bedingung, dass er ins Exil nach Italien deportiert werden und dort bleiben müsse. Luciano wurde also 1946 aus der Haft entlassen und ging nach Sizilien, Kuba und wieder zurück nach Sizilien. Sein Leben als Mafioso führte er hierbei fort. Schließlich starb er 1962 in Neapel an einem Herzinfarkt.

Luciano war während seiner gesamten Zeit im Gefängnis der offizielle Boss der Familie geblieben, doch trotz seiner relativen Freiheit und seines Komforts innerhalb der Gefängnismauern war er offensichtlich nicht in der Lage gewesen, das Tagesgeschäft der Organisation zu führen. Deshalb wandte sich Luciano der Überlieferung nach an seinen Unterboss Vito Genovese. Genovese war ein langjähriger Verbündeter von Luciano gewesen und hatte ihm im *Castellammarese-Krieg* und auch bei der Machtübernahme von Sal Maranzano zur Seite gestanden. Genovese, der eigentlich nur als „Acting Boss" an Lucianos Stelle diente, hatte fortan die Kontrolle über die gesamte Familie in der Hand, die schon bald seinen Namen tragen sollte. Seine Macht sollte jedoch beinahe augenblicklich auf die Probe gestellt werden.

KAPITEL 4

DON VITO

Der Mann, dessen Namen die Genovese-Familie trägt, führte ein faszinierendes und gleichwohl turbulentes Leben, ganz besonders nach seiner Ernennung zum „Acting Boss" von Lucky Luciano. Von seinen Anfängen in der Gegend um Neapel bis hin zu einem kleinen Ganovenleben in Little Italy stieg Vito fortlaufend die Karriereleiter innerhalb der Mafia hinauf und festigte während der Prohibition und verschiedener Mafiakriege seinen Status als zuverlässiger Mann. Genovese wurde schließlich in Lucianos Abwesenheit zum Oberhaupt ernannt, musste dann abdanken, arbeitete während des Zweiten Weltkriegs für beide Seiten und kehrte schließlich triumphierend als König der New Yorker Unterwelt zurück. In diesem Kapitel wird das Leben eines der bedeutendsten Gangster der New Yorker Geschichte beschrieben. Anthony DeStefanos neues Buch *The Deadly Don* (2021) eröffnet uns neue Einblicke in das Leben des Bosses aus Neapel.

Der neapolitanische Don

Vito Genovese erblickte im Jahr 1897 in Ricigliano, einem Vorort der Stadt Tufino, das Licht der Welt. Genovese wurde damit nur 30 Kilometer von Neapel entfernt geboren und später der erste nichtsizilianische Boss jener Familie, die Giuseppe Morello Jahrzehnte zuvor gegründet hatte. Im Gegensatz zu vielen älteren Mafiosi, darunter auch Morello, hatte Genovese die alte Heimat nicht wegen strafrechtlicher Verfolgung aufgrund einer mafiösen Vorgeschichte verlassen. Vito verließ Italien, als er erst 15 oder 16 Jahre alt war und war in der organisierten Kriminalität ein unbeschriebenes Blatt. Als er 1913 an Bord der SS Taormina ankam, ließen sich Vito und seine Familie im italienischen Viertel Manhattans nieder, in das sein Vater acht Jahre zuvor eingewandert war. Es ist möglich, dass die Familie wegen der damals verstärkten Aktivität des Vesuvs, des berühmten Vulkans, der einst Pompeji ausgelöscht hatte, geflohen war. Viele im nahegelegenen Neapel befürchteten damals einen größeren Ausbruch. Wahrscheinlicher ist jedoch, dass Vitos Mutter spürte, dass ein großer Krieg auf europäischem Boden bevorstand und sie deshalb um die Sicherheit ihrer Kinder fürchtete. Sie sollte Recht behalten: Der Erste Weltkrieg brach nur 14 Monate, nachdem der jugendliche Vito in New York City eingetroffen war, aus.

Als Jugendlicher in Little Italy benötigte der zukünftige Boss nur wenige Jahre, um in der Kriminalität Fuß zu fassen. Zunächst beschäftigte er sich hauptsächlich mit kleinen Diebstählen und Raubüberfällen, wurde aber auch bei einigen Mafiosi bekannt, weil er als Laufbursche arbeitete. Letzteres war in den von der Mafia kontrollierten Territorien eine gängige Praxis und so zählte das Überwachen der Lotterie, wofür er in der Nachbarschaft herumfuhr und das Wettgeld der Mafia einsammelte, schon bald zu seinen Hauptaufgaben. Im Jahr 1917, als Vito erst 19 Jahre alt war, wurde er zum ersten Mal verhaftet. Die Anklage lautete auf Besitz einer illegalen Schusswaffe und der junge Genovese wurde für schuldig befunden. Zwar wurde er verurteilt, aber die Umstände und das generelle Klima des Ersten Weltkriegs eröffneten Vito eine potentielle Chance. Die Regierung der Vereinigten Staaten versuchte, ihn einzuziehen.

In dem Glauben, dass der Dienst in der US-Armee ihm einen gangbaren Weg zur Staatsbürgerschaft ermöglichen würde, war Genovese zunächst bereit, sich freiwillig zu melden. Vito wurde zur Musterung auf einen Militärstützpunkt in New York geschickt, offenbar mit dem Ziel, in Übersee zu kämpfen. Zum Glück für Vito näherte sich der Erste Weltkrieg jedoch seinem Ende. Als Ende 1918 der endgültige Waffenstillstand in Kraft trat, war Vito noch nicht eingesetzt worden. Der Krieg endete damit offiziell, bevor Vito auch nur einen Tag in Europa gedient hatte. Der Zweite Weltkrieg sollte für den erwachsenen Genovese weitaus ereignisreichere Jahre mit sich bringen.

In den Folgejahren bekam Vito nur wenig Ärger mit dem Gesetz. Abgesehen von einer weiteren Verhaftung wegen Mordes etwa ein Jahr nach seiner ersten Inhaftierung, die sich als unbegründet entpuppt hatte, war es Vito gelungen, jahrelang vom Radar der New Yorker Behörden fernzubleiben. Als er 26 Jahre alt war, änderte sich das. Zu diesem Zeitpunkt war Genovese bereits in das lukrative Geschäft mit dem Alkoholschmuggel eingestiegen und stand zweifellos mit anderen Mafiosi in Verbindung. Im Mai 1924 wurde ein Fahrzeug, in dem Genovese als Beifahrer gesessen hatte, in einen heftigen Unfall mit einem Auto verwickelt. Zu einer Zeit, in der die Sicherheitsstandards für Fahrzeuge noch minimal gewesen waren, wurde der 26-jährige Vito aus dem Auto geschleudert, als es mit hoher Geschwindigkeit direkt gegen einen Baum geprallt war.

Vito wurde schwer verletzt, überlebte aber. Unglücklicherweise jedoch hatte man beim Eintreffen der Rettungskräfte mehrere Waffen im Auto aufgefunden.

Nach Angaben der New Yorker Polizei hatten sich Genovese und seine drei Komplizen auf der Flucht vor jemandem befunden, höchstwahrscheinlich vor rivalisierenden Schmugglern. Die Polizei brachte diesen Vorfall nun mit einer früheren Schießerei, ebenfalls im Zusammenhang mit Alkoholschmuggel, in Manhattan in Verbindung und vermuteten, dass sich eine solche Konfrontation auf Coney Island abgespielt haben musste, vor der Vito und seine Gefährten geflohen waren. Am Unfallort fand die Polizei Vito verletzt und einen weiteren Mann tot vor (dieser war direkt durch die Fahrzeugkollision mit dem Baum getötet worden). Der Fahrer des Wagens wurde vermisst.

Die Polizei drohte Genovese nun mit einer Anklage wegen fahrlässiger Tötung, wahrscheinlich, um ihm ein Geständnis entlocken zu können. Da Vito wusste, dass dies vor Gericht nicht standhalten würde (denn Genovese war in dieser Nacht natürlich nicht gefahren), sagten weder er noch seine Komplizen ein Wort über den Vorfall aus. Genoveses Kalkulation ging auf und die Anklage wurde wieder fallen gelassen. An seiner Geschichte hatte Genovese unwiderruflich festgehalten - laut Genovese selbst waren er und seine Begleiter einfach nur zum Abendessen und für ein abendliches Ausgehen auf Coney Island unterwegs gewesen. Als sie im Regen nach Hause fuhren, kam das Auto „plötzlich" von der Straße ab und prallte gegen einen Baum *(DeStefano, 2021)*. Obwohl die Polizei dieser Geschichte offensichtlich keinen Glauben zu schenken schien, gab es trotz der aufgefundenen Waffen keine konkreten Beweise dafür, dass Vito ein Verbrechen begangen hatte. Tatsächlich hatte Genovese im Laufe seines Lebens sogar mehrmals bei verschiedenen Anklagen im Zusammenhang mit Waffenbesitz Glück. Zuvor, im Jahr 1925, war er sogar wegen Mordes angeklagt worden, doch Vito schien dem New Yorker Police Department immer wieder durch die Maschen schlüpfen zu können.

Damals hatte Genovese höchstwahrscheinlich schon unter „Joe the Boss" Masseria für die Familie gearbeitet. Genovese wurde dann, zusammen mit meist italienischen Gangstern, in den Schmuggel verwickelt. Joe Masseria war der italienische Boss des Schmuggels geworden, vor allem nach der Ermordung D'Aquilas im Jahre 1928. Schließlich war der Alkoholschmuggel damals das profitabelste illegale Geschäftsfeld überhaupt gewesen (während der Prohibition gab es allein in New York City schätzungsweise 30.000 illegale Kneipen). Zusammen mit Al Capone, Frank Costello, Gaetano Reina und „Lucky" Luciano lernte Vito Genovese das Mafiahandwerk unter den Fittichen von Masseria, der einige der berühmtesten Gangster der Geschichte in die Mafia geholt hatte. Damals, als untergeordneter Soldat, hatte Vito noch keine Ahnung davon, dass er bereits ein Teil jener Organisation war, die er in den kommenden Jahrzehnten beherrschen und der er seinen Namen verleihen würde.

Während seiner Tätigkeit unter Masseria begann das Trio aus Luciano, Costello und Genovese auch mit jüdischen Gangstern zusammenzuarbeiten. Zu ihnen gehörte wiederum Meyer Lansky, einer von Lucianos zuverlässigsten Partnern während dessen gesamter Herrschaft. Arnold Rothstein, ein weiterer jüdischer

Gangster, nahm ebenfalls eine wichtige Rolle im Gesamtgebilde ein. Rothstein, der für seine hohe Intelligenz bekannt war, half Luciano und seinen Mitstreitern beim Verständnis effizienter Logistik des Alkoholschmuggels. Schon bald begannen die drei Männer nun mit ihrem eigenen Schmuggelgewerbe, das größtenteils von Rothstein finanziert wurde. Generell war dies ein häufiges Thema in der Mafia: Jüdische Gangster, die für ihre intellektuellen Fähigkeiten und ihren finanziellen Sachverstand geschätzt wurden, wurden oft dazu benutzt, Projekte zu finanzieren und den effizienten Betrieb des operativen Mafiagewerbes zu planen. Innerhalb des Trios war es jedoch Costello gewesen, der als das Mastermind der Operationen galt. Costello organisierte die Verschiffung und auch die Lagerung von illegalem Alkohol in der sogenannten „Rum Row", der Ostküste, von wo aus der Alkohol weiter in die Vereinigten Staaten hineingeschmuggelt wurde. Costello überwachte auch die wichtigste Voraussetzung des Schmuggelgewerbes: Er schmierte Polizisten und Staatsbedienstete, damit diese wegschauten.

Costello war während der Prohibition zu einer relativ bekannten Figur herangewachsen (interessanterweise war es auch Costello, der den weisen, gesetzten Charakter Vito Corleones in *Der Pate* verkörpern sollte, obwohl dieser fiktive Charakter letztlich von einer Verschmelzung verschiedener Charaktere inspiriert wurde). Durch seine Arbeit mit jüdischen (und irischen) Gangstern wurde Costello zu einem äußerst wohlhabenden Mann, was er dazu nutzte, um seine eigene Position zu stärken. Im Großen und Ganzen rangiert Costellos Popularität sicherlich im Schatten von Luciano und Genovese, aber sein Wirken zur damaligen Zeit darf nicht unterschätzt werden. Costello ließ in ganz New York City Niederlassungen errichten, um den über den Hafen eingeschmuggelten

Alkohol zu lagern und zu vertreiben. Unnötig zu erwähnen, dass er damit zum Ziel geworden war. Genovese hingegen verhielt sich während der Prohibition relativ unauffällig, was möglicherweise darauf zurückzuführen war, dass er in seinen früheren Jahren bemerkenswert oft mit der Polizei aneinandergeraten war. Für Vito sollte sich das auszahlen - Costello und seine hochrangigen Partner wurden schließlich wegen Alkoholschmuggels angeklagt, nicht jedoch Vito Genovese. In einigen Fällen führte dies sogar dazu, dass eben jene hochkaraätigen Schmuggler, von denen einige ein Vermögen von dutzenden Millionen Dollar angehäuft hatten, schließlich völlig bankrott gegangen waren.

Währenddessen profitierte Genovese dennoch reichlich von seinen Geschäften, wurde aber vom langen Arm der Justiz eher weniger beachtet. Genovese hatte auch damit begonnen, sich im Fälschergeschäft zu versuchen, einer der ältesten Mafia-Geschäftsfelder in den Vereinigten Staaten überhaupt, das bis auf Giuseppe Morellos trans-atlantischen Fälscherring zurückdatiert. Genovese handelte vor allem mit gefälschten Goldzertifikaten, die bis Mitte der 30er Jahre in den Vereinigten Staaten eine legale Währung gewesen waren. Auch dies hatte sich für Vito als hochprofitabel entpuppt. Die extrem hohe Qualität der von ihm produzierten Papiere hatte die US-Regierung bis nach Washington D.C. aufgeschreckt.

Genoveses Abwesenheit aus den Schlagzeilen und den Köpfen der Strafverfolger sollte jedoch bald ein Ende haben. Im Mai 1930 wurde eine der Fälscherwerkstätten, an deren Betrieb Genovese beteiligt gewesen war, von Bundesagenten durchsucht. Die Agenten fanden in dem Gebäude genug Material, um mehr als 4 Millionen Dollar in gefälschten Papieren herzustellen. Genovese selbst war zum Zeitpunkt der Razzia nicht in der Fälscherwerkstatt anwesend, aber dadurch war er noch nicht aus dem Schneider. Genovese war dennoch in die ihm vorgeworfenen Verbrechen verwickelt, die Druckmaschine zu betreiben, mit der die Fälschungen hergestellt wurden und er wurde schließlich auch in mehreren Anklagen gegen die Fälscher benannt. Alle drei Männer von Genovese, die bei der Razzia festgenommen worden waren, bekannten sich schuldig. Genovese selbst war jedoch ein härterer Brocken. Nicht etwa, weil er ein wasserdichtes Alibi gehabt hätte, ein gewieftes Anwaltsteam oder zuverlässige Zeugen für seine Verteidigung. Das Problem bestand vielmehr darin, dass die Staatsanwaltschaft ihn buchstäblich nicht hatte finden können. Nach mehreren gründlichen Fahndungsmaßnahmen nach Vito gab die Staatsanwaltschaft schließlich auf und das Gericht ließ die Anklage wegen Erpressung, Wertpapierfälschung und krimineller Verschwörung fallen.

Obwohl Vito einer erneuten Verurteilung damit entgangen war, konnte er seinen unauffälligen Ruf nicht länger aufrechterhalten. Nach über einem Jahrzehnt krimineller Geschäfte erhielt Vito nun auch die Aufmerksamkeit der Medien, die er wahrscheinlich schon Jahre zuvor verdient gehabt hätte. In den Schlagzeilen der Zeitungen wurde er jetzt als mächtiger und gefährlicher Mafiaboss betitelt. Schon bald würde er sich einen noch größeren Namen machen können, denn Joe Masserias Zeit als *Capo di tutti Capi* ging dem Ende entgegen. Gaetano Reina, ein weiterer jüngerer Mafiosi, der mit Genovese und Co. in Verbindung gestanden und unter Masseria gearbeitet hatte, wurde Anfang 1930 auf Befehl von Masseria erschossen. Dies war offenbar als Vergeltung dafür geschehen, dass Reina sich geweigert hatte, noch mehr von seinen Geschäftserträgen an Masseria abzutreten. Diese Forderung hatten auch andere Untergebene Masserias als zu gierig empfunden. Dieser Schritt Masserias war es schließlich, der Genovese, Luciano, Costello und Bonanno mit dazu veranlasst hatte, gegen Masseria vorzugehen. Nachdem sie den offensichtlichen Wechsel in der Rivalität zwischen Masseria und Maranzano miterlebt hatten, wandte diese Gruppe amerikanisierter Mafiosi ihre Loyalität dem Castellammarese-Boss zu.

Die Geschichte von Luciano und Co. unter Maranzano ist bereits ausführlich beschrieben worden. Es steht zwar fest, dass Luciano in Maranzano ein noch größeres Problem sah als in Masseria, aber es ist umstritten, was der Hauptgrund für Lucianos Entscheidung war, sich dennoch gegen den neuen Boss zu stellen. Manche behaupten, dass es die ihm eng verbundene jüdische Clique gewesen war, die Lucky davon überzeugen konnte, dass Maranzano Beseitigung alternativlos gewesen war. Es ist jedoch auch möglich, dass Luciano durch Maranzanos feindselige Haltung unmittelbar nach dem Ende des Castellammarese-Krieges ernsthaft verärgert worden war. Luciano, der stets nach Einigkeit innerhalb der Mafia gestrebt hatte, hatte eine dauerhafte Periode des Friedens und des Wohlstands erwartet, nachdem der verfeindete Masseria beseitigt worden war. Viele Luciano nahestehende Mafiosi behaupteten jedoch, direkt oder indirekt gehört zu haben, dass Maranzano sich auf einen weiteren großen Konflikt vorbereitete. Und als Luciano erkannt hatte, dass er und seine Bande die einzige echte Konkurrenz gewesen waren, die es auszuschalten galt, beschloss er wahrscheinlich, dass er sich lieber früher als später mit Maranzano auseinandersetzen musste. Wie auch immer es gewesen sein mag,

Luciano ging schließlich als Sieger hervor, mit dem treuen und zuverlässigen Vito Genovese und Frank Costello als seinem Unterboss bzw. *Consigliere* an der Seite.

So wie die frühen 30er Jahre eine Zeit großer Veränderungen in Genoveses beruflichem Wirken mit sich gebracht hatten, so war es gleichwohl eine seltsame und turbulente Zeit für sein Privatleben. Seine erste Frau Donata war 1931 verstorben und Vito fokussierte sich danach schnell auf eine andere Frau namens Anna Petillo. Zu dieser Zeit war Anna jedoch noch mit einem relativ unbedeutenden Gangster namens Gerardo Vernotico verheiratet gewesen. Die Geschichte um dieses Trio ist verwirrend und verdächtig zugleich. Ob Genovese wirklich etwas mit dem Mord an Vernotico zu tun gehabt hatte, ist nicht erwiesen, aber die Indizien des Falles sprechen für sich. Nur drei Monate bevor Genovese und Petillo heirateten, wurde ihr vorheriger Ehemann tot auf einem Dach in New York City aufgefunden. Dies war jedoch kein gewöhnlicher Mafia-Mord gewesen, denn die Umstände deuten darauf hin, dass es sich um ein Verbrechen aus Leidenschaft gehandelt hatte - Vernoticos Leiche wurde gefesselt, brutal zusammengeschlagen und mit einer Würgevorrichtung um den Hals aufgefunden. Die Polizei war damals davon überzeugt gewesen, dass Vernotico gefoltert worden war. Vito hatte nun also eine neue Frau, die zufällig auch seine entfernte Cousine gewesen war. Welche Bedeutung das auch immer gehabt haben mag.

Das Jahr 1934 wurde für Genovese zu einem weiteren bedeutenden Jahr. Zunächst zog er mit seiner neuen Familie (bestehend aus seiner neuen Frau, ihren Kindern, seinen eigenen Kindern und schließlich den gemeinsamen Kindern) aus Manhattan weg, wo Vitos Hauptquartier für seine kriminellen Geschäfte lag. Da er offenbar wollte, dass seine Kinder das Leben außerhalb der Stadt kennenlernen sollten, zog die Familie in eine Villa in Middletown Village, einer Gemeinde in New Jersey. Vito blieb jedoch nie allzu weit vom Geschehen entfernt und behielt deshalb einen zweiten Wohnsitz in New York City.

1932 endete die Prohibition als Bundesgesetz. Die Haupteinnahmequelle der Mafia war damit versiegt und viele fielen in ihre alten Geschäftszweige zurück, etwa das Glücksspiel und die Prostitution, die während der Prohibitionszeit zu einer Art Nebenschauplatz verkommen waren. Genovese selbst begann nun damit, einige Betrugsaktivitäten zu etablieren, darunter auch gezinkte Kartenpartien. Im Jahr 1934 legte sich schließlich ein kleinerer Gangster namens Ferdinand Boccia, mit dem Genovese bereits einige negative Erfahrungen gemacht hatte, mit Genovese und seiner Crew an. Nachdem er einen profitablen Betrug für Genovese organisiert hatte, um die Gunst des inzwischen sehr mächtigen Mafioso gewinnen zu können, forderte er von der Crew einen Anteil an den Einnahmen ein. Boccia wurde nun zunehmend zu einem Ärgernis für Genovese, der ihm einen fairen Anteil an den Gewinnen vorenthielt. Also beschloss Genovese, Boccia töten zu lassen und gab den Auftrag dazu. Boccia wurde im September 1934 ermordet. Attentate wie diese waren ein fester Bestandteil des Mafialebens und hatten meist keine oder nur marginale Konsequenzen. Dieser Mord sollte Vito jedoch schon bald wieder einholen. Im Jahr 1936 wurde Lucky Luciano, der seit Maranzanos Ermordung der oberste Mafiaboss gewesen war, ins Gefängnis gesteckt.

Das Exil

Nachdem Luciano inhaftiert worden war, wurde sein Unterboss Vito Genovese für die Rolle des *Acting Boss* auserkoren. Gemäß den (relativ flexiblen) Regeln der Mafia verlor ein Boss seine Position nur durch Ermordung oder Abdankung. Im Klartext bedeutete dies, dass er sterben oder zurücktreten musste. Da Luciano beides nicht getan hatte, blieb er das nominelle Oberhaupt der Luciano-Familie, während sein neuer *Acting Boss* nun das Tagesgeschäft führte. Unglücklicherweise eiferte Genovese seinem Boss Luciano ein wenig direkt nach. Nach seiner überraschenden Glückssträhne und zahlreichen glimpflich verlaufenen Anklagen, war Genovese nun dran, die Suppe auslöffeln. Gewissermaßen.

Nach dem operativen Ausscheiden Lucianos hatte Dewey seine Aufmerksamkeit Costello und Genovese zugewandt, die ihrerseits nicht länger das Bossleben ohne öffentliche Aufmerksamkeit genießen konnten. Und so war es auch Dewey, der öffentlich bekannt machte, dass Genovese, der offizielle Nachfolger von „Staatsfeind Nummer 1" Lucky Luciano geworden war, genauer gesagt im Rahmen eines Falles, der Genovese und eine Vielzahl seiner Komplizen, einschließlich Costello, zum Ziel hatte. Während die Ermittlungen gegen Costello ins Leere liefen, wurde es gleichzeitig immer wahrscheinlicher, dass sich Genovese nun endlich einer Anklage würde stellen müssen, der er nicht würde entkommen können - es war der Mord an Ferdinand Boccia aus dem Jahr 1934, Genoveses Geschäftspartner bei der Organisation einer getürkten Kartenrunde.

Im Jahre 1937 und damit nur wenige Monate, nachdem er die amerikanische Staatsbürgerschaft angenommen hatte, floh Genovese aus dem Land, um Deweys Anklage zu entgehen. Es ist nicht genau bekannt, wann er aus seinem Anwesen in New Jersey in sein Heimatland Italien aufbrach, aber es musste wohl noch vor Ende Februar gewesen sein, als sein geliebtes Landhaus unter verdächtigen Umständen bis auf die Grundmauern niedergebrannt war. Nachdem der Brand in einem stundenlangen, aufwendigen Feuerwehreinsatz gelöscht worden war, stellten die Behörden fest, dass Genovese zu dieser Zeit in Europa im Urlaub gewesen war und den Kamin während seiner Abwesenheit hatte brennen lassen. Fast nichts war mehr zu retten.

Genovese war offenbar von seiner Frau begleitet worden, die nun nach New York/New Jersey zurückkehrte, um sich um die gemeinsamen Kinder zu kümmern. Genovese blieb jedoch in Italien und ließ sich in seiner Heimat Neapel nieder. Der Zufall wollte es wohl, dass Genovese seinen „Urlaub" mit rund $750.000 in bar und weiteren Millionen in Schuldverschreibungen angetreten hatte. Ein Mann wie Genovese würde sein Exil schließlich nicht in Armut verbringen. Michele Miranda, ein Mitverschwörer von Genovese bei der Ermordung Boccias, war ebenfalls nach Italien geflohen, nachdem seine eigene Anklage fallen gelassen worden war. Offenbar fürchtete er seine Verfolgung durch Dewey noch immer. Die beiden Männer hatten sich in der alten Heimat noch einmal zusammengetan.

Zwar war Vito Genovese nun sehr weit von seiner Operationsbasis und seinen Einnahmequellen entfernt, aber die politische Entwicklung Italiens ermöglichte damals neue, verlockende Möglichkeiten für bereitwillige Gangster. Ironischerweise war derselbe Diktator, der in den 20er Jahren einen Massenexodus von Mafiosi aus Italien ausgelöst hatte, nun für das Exil derer zuständig, die aus den Vereinigten Staaten geflohen waren. Der Machthaber hieß nun Benito Mussolini, der das Land seit 1922 regierte. Mussolini fuhr offiziell immer noch eine harte Linie gegenüber den Aktivitäten der Mafia, selbst nachdem er 1927 erklärt hatte, dass seine Faschisten Italien, vor allem Sizilien, von der Bedrohung durch die Mafia befreit hätten. Mussolini war jedoch trotz allem auch Politiker und nichts ist so verlässlich wie die Beugung der eigenen Regeln und die Aufgabe von Prinzipien, wenn es die Situation erfordert. Die faschistische italienische Regierung brauchte Geld und wusste, dass in den formell illegalen Märkten viel zu holen war. Genovese, der schon bald in den italienischen Drogenhandel verwickelt gewesen war, hatte in weiser Voraussicht einkalkuliert, dass er, wenn er sich für die Regierung unentbehrlich machen würde, in einem Umfeld agieren und gedeihen könnte, das Leuten wie ihm gegenüber normalerweise feindlich gesonnen war. Genovese verfügte in Italien über reichlich Startkapital, das durch die regelmäßigen Geldsendungen seiner Frau Anna und durch seine Beteiligung am italienischen Drogenhandel weiterhin kräftig aufgestockt wurde. Und Mussolini konnte das Geld seinerseits gut gebrauchen.

So kam es also dazu, dass Vito Genovese, einer der bedeutendsten Mafiosi der Welt, nun damit begonnen hatte, die faschistischen Verbündeten der Nazis in Italien mitzufinanzieren. Genovese hatte sich mittlerweile bei vielen hochrangigen Faschisten in der italienischen Regierung eingeschmeichelt, darunter Mussolini selbst, wie auch bei dessen Außenminister (und Schwiegersohn) Galeazzo Ciano. Es ist wahrscheinlich, dass letzterer sogar von Genovese mit Drogen versorgt wurde. Als Gegenleistung für die Finanzierung und weitere Gefälligkeiten wurde Genovese von der italienischen

Regierung auf höchster Ebene beschützt und konnte sich so bestens entwickeln. Schließlich wurde Genovese von den italienischen Faschisten mit Auszeichnungen, Ehrungen und Titeln bedacht. Angesichts des drohenden zweiten Weltkriegs hatte sich Genovese zu diesem Zeitpunkt voll und ganz auf der falschen Seite der Geschichte eingeordnet.

Auch nach dem Ausbruch des Krieges operierte Genovese weiter. Genovese unterhielt eine kooperative und freundschaftliche Beziehung zu Mussolini und dessen verbündeten Faschisten, bis es offensichtlich unzweckmäßig wurde, dies fortzuführen. Im Sommer 1943 war es soweit. Zu Beginn des Jahres hatte ein Skandal Manhattan erschüttert: der italienische Einwanderer Carlo Tresca, der sich fast zwei Jahrzehnte vor dem Aufstieg der italienischen Faschisten in den Vereinigten Staaten niedergelassen hatte, wurde erschossen, kurz nachdem er sein Büro in Manhattan verlassen hatte. Tresca hatte zuvor in Italien eine sozialistische Wochenzeitschrift herausgegeben und war stark in den Gewerkschaften engagiert gewesen. Zu einer Zeit, in der Sozialisten entweder mit Misstrauen betrachtet oder weltweit aktiv verfolgt wurden, musste Tresca befürchten, dass sein politischer Dissens und sein aggressives Eintreten für die Sache im Gefängnis enden würden. Im Jahr 1904 floh er aus der alten Heimat.

In den Vereinigten Staaten setzte Tresca sein sozialistisches Engagement fort und arbeitete als Redakteur einer bekannten italienisch-amerikanischen Publikation. Natürlich sind Sozialisten und Faschisten seit jeher erbitterte Feinde gewesen. Nach dem Aufstieg Mussolinis begann Tresca mit der Herausgabe einer explizit antifaschistischen Publikation, die er treffend *Il Martello* („Der Hammer") genannt hatte - wahrscheinlich eine Doppeldeutigkeit, die einerseits seine aggressive Rhetorik und andererseits eine Anspielung auf das kommunistische Symbol von Hammer und Sichel symbolisieren sollte. Trescas Arbeit wurde in den Vereinigten Staaten bekannt und zog schnell den Zorn Mussolinis auf sich. Im Jahr 1943, als sich die öffentliche Meinung bereits gegen Mussolini gewandt hatte, waren Trescas Tiraden dem Diktator offenbar ein Dorn im Auge.

Die Beweggründe für den Mord an Tresca sind sehr umstritten. Für viele Kriminalhistoriker (und insbesondere die Mafia-Spezialisten unter ihnen) steht jedoch fest, dass Genovese seine weitreichenden Verbindungen in New York City dazu genutzt hatte, um den Mord an Tresca zu arrangieren. Das offensichtliche Motiv bestand darin, dass Genovese zu dieser Zeit immer noch daran interessiert war, sich das Wohlwollen von Benito *„Il Duce"* Mussolini zu sichern. Ein solches Vorgehen hätte einen Größenwahnsinnigen wie Mussolini sicherlich besänftigen können und soweit wir heute wissen, standen er und Genovese immer noch in der Gunst des jeweils anderen. Aber genau das sollte sich schon bald ändern.

Mussolinis eiserner Griff um Italiens Kehle schien immer mehr an Druck einzubüßen, je näher die Jahresmitte 1943 rückte. Zu diesem Zeitpunkt war der Groll der Italiener im In- und Ausland gegenüber Mussolini wegen seiner Beteiligung am Zweiten Weltkrieg unglaublich groß geworden. Trotz des vermeintlichen Erfolgs, den Mussolini in den ersten Jahren mit der Einigung des Landes unter dem faschistischen Banner gehabt hatte, war Italien immer noch arm. Viele Menschen im Land waren unterdrückt und bereits ausgezehrt. Das Letzte, was diese Menschen nun wollten, war ein Krieg, der die Einberufung zahlloser junger Männer erfordern würde. Doch das damalige politische Klima verlangte von Mussolini, seinen deutschen Verbündeten Adolf Hitler zu unterstützen. Also wurde die italienische Armee nach Nordafrika und an die Ostfront in Russland geschickt. Beide Feldzüge wurden zum absoluten Desaster und so musste sich Mussolini vor seinem eigenen Volk verantworten.

Im Juli 1943 kam es zur Katastrophe. Das US-Militär, das seinerzeit vom berühmten General George Patton angeführt wurde, war mit seinen Invasionstruppen auf der Insel Sizilien gelandet, die direkt südlich des italienischen Festlandes liegt. Etwas mehr als einen Monat sollte es dauern, bis die italienische Armee vollständig aufgerieben war und Sizilien vollständig unter die Kontrolle der alliierten Streitkräfte kam. Doch bevor es aber soweit war, hatte das faschistische Parlament Italiens eine Abstimmung über die Führungsfähigkeiten Mussolinis abgehalten. Das Ergebnis fiel für Genovese äußerst beunruhigend aus: Die italienische Regierung hatte jegliches Vertrauen in *Il Duce*, Genoveses wichtigsten Beschützer und Verbündeten in Italien, verloren. Mussolini wurde von seinem Posten an der Spitze der italienischen Regierung abgesetzt und schließlich verhaftet. Später wurde er hingerichtet und sein Leichnam geschändet.

Das kriminelle Imperium, das der neapolitanische Boss Genovese in Italien aufgebaut hatte, war nun in Gefahr, aber Genovese war eben Opportunist. Da die Vereinigten Staaten immer noch im Krieg verwickelt waren, war es unwahrscheinlich, dass sie in der folgenden Zeit gegen Genoveses Drogenring vorgehen würden. Genovese sah als Opportunist aber nun die Gelegenheit gekommen, sich von den Faschisten loszusagen und sich stattdessen mit den offensichtlichen Siegern zu verbünden: Den amerikanischen Streitkräften. Nach dem Fall Siziliens rückte die US-Armee schnell auf der italienischen Halbinsel vor und erreichte im Herbst 1943 die Provinz Neapel. Es dauerte nun nicht mehr lange, bis Genovese seinen Zug machte. Die „Regierung", die zu diesem Zeitpunkt vor Ort das Sagen hatte, war die Alliierte Militärregierung der besetzten Gebiete *(AMGOT)*. Diese richtete offizielle Stellen ein, während sie durch feindliches Gebiet vorrückte und zunehmend die Kontrolle übernahm. In Nola, nahe der Stadt Neapel, von wo aus Vito operiert hatte, bot er dem örtlichen *AMGOT*-Büro seine volle Unterstützung an. Genovese sprach sowohl fließend Italienisch als auch Englisch und war amerikanischer Staatsbürger, was ihn zu einem attraktiven Verbündeten machte, der als Dolmetscher eingesetzt werden konnte. Die *AMGOT*, die verzweifelt versuchte, die zunehmend eskalierende Situation in der Stadt Neapel unter Kontrolle zu bringen, und die zu diesem Zeitpunkt überhaupt nicht wusste, wer Genovese eigentlich war, nahm dessen Hilfe also in Anspruch.

Genovese diente zunächst als Verbindungsmann zwischen der Militärregierung und der Bevölkerung von Napoli, die unter Bombenangriffen, Lebensmittel- und Wasserknappheit und korrupten Politikern zu leiden hatte. Genovese war offenbar dafür verantwortlich, die neapolitanische Bevölkerung auf dem Laufenden zu halten, damit diese sich nicht auflehnen und ihre Missstände der *AMGOT* anlasten würde. Die Militärregierung war besorgt über Unruhen in der hungernden Bevölkerung, aber auch über den offensichtlichen

Anstieg der Schwarzmarktaktivitäten. Unter Mussolini war die Mafia für tot erklärt worden und so kam der neuerliche Anstieg von Schutzgelderpressung nach dessen Sturz relativ unerwartet. Noch unerwarteter war jedoch die Tatsache gekommen, dass man den vielleicht größte Schutzgelderpresser Italiens in den Reihen der Regierung gehabt hatte. Der Umstand, dass Mafiosi dazu neigen, einen Anschein von Professionalität zu erwecken, wie auch die Tatsache, dass die Mafia in Italien als völlig marginalisiert galt, machte es für Männer wie Genovese erstaunlich leicht, das US-Militär zu täuschen.

Das Militär begann schließlich aber dennoch damit, die Bedrohung durch das organisierte Verbrechen ernstzunehmen und jene Abteilung, die für das Aufspüren krimineller Aktivitäten in den besetzten Gebieten zuständig war, wurde erweitert. Einer der Neuzugänge auf diesem Gebiet war ein Nachrichtenoffizier namens Orange Dickey, der sich, Dewey nicht unähnlich, als Kreuzritter im Kampf gegen das organisierte Verbrechen enpuppte, allerdings mit einem viel kleineren Kompetenzbereich. Dickey war für die Ermittlungen in Neapel und Nola zuständig gewesen, von denen er wusste, dass letzteres ein Epizentrum für mafiöse Aktivitäten gewesen war. Die Tatsache, dass auch Genovese dort lebte, war wahrscheinlich kein Zufall gewesen. Die ersten Früchte von Dickeys Bemühungen galten jedoch nicht den einheimischen Mafiosi, um die es in dieser Geschichte geht. Vielmehr wurden Dutzende von eigenen Soldaten enttarnt, von denen viele als unerlaubt abwesend registriert worden waren und die sich durch die Zusammenarbeit mit den lokalen Gangstern in der Gegend von Neapel etwas dazuverdient hatten.

Auch Italiener wurden im Zuge dessen verhaftet. Genau diese Männer waren es auch, die Dickey schließlich auf die Spur von Genovese bringen sollten.

Einer der italienischen Verhafteten hatte offenbar Genovese als Drahtzieher hinter allem benannt. Dickey erfuhr nun bald das Ausmaß von Genoveses kriminellen Aktivitäten in Italien und auch von dessen höchst verdächtiger Beziehung zum Mussolini-Regime. Die Ermittlungen gegen Genovese waren von nun an in vollem Gange. Nach einer notwendigen Unterbrechung der Ermittlungen wegen des lang erwarteten Ausbruchs des Vesuvs nahmen Dickeys Bemühungen wieder Fahrt auf. Inzwischen hatte er durch eine Vielzahl von Informanten herausgefunden, dass Genovese eine unerwartet lange kriminelle Vorgeschichte gehabt hatte und dass er mit ziemlicher Sicherheit ein Mitglied der italo-amerikanischen Mafia gewesen war. Dickey wollte ihn nun unbedingt verhaften, auch wenn seine Vorgesetzten sich dagegen sträubten. Das wirkliche Problem bestand jedoch darin, dass Genovese wieder einmal nicht auffindbar war.

Mitte des Jahres 1944, nachdem Genovese kurzzeitig wieder aufgetaucht war, um eine Reisegenehmigung zu erhalten, machte Dickey seinen Zug und verhaftete mit seinen Männern Genovese. Wieder einmal war der Boss mit mehreren Schusswaffen angetroffen worden. Als man Vitos Domizil genauer untersuchte, fiel, wie schon bei Luciano zuvor, der unerklärlich teure Geschmack auf und brachte ihn in eine unangenehme Lage. Der angeblich so aufrichtige Mann, der der Armee nur allzu bereitwillig geholfen hatte, stand nun hilflos vor der Frage, wie er in einem solchen

Überfluss leben konnte, während die meisten Italiener an den Entbehrungen des Krieges zu leiden hatten.

Genovese befand sich jetzt in Italien in Haft, aber auch auf der anderen Seite des Atlantiks wartete Ärger auf ihn. Die Ermittlungen im Mordfall Boccia, der ursprünglich der Grund für Genoveses Flucht gewesen war, kamen voran. Etwa zur gleichen Zeit, als Vito in Italien verhaftet worden war, hatte man seine Verwicklung in den New Yorker Mordfall ableiten können. Jetzt war Dickey am Zug und der überzeugte Ermittler begann, die Zusammenhänge zu erkennen.

Die Rückkehr nach New York

Es dauerte nicht lange, bis Dickey die Puzzleteile zusammengesetzt und dabei festgestellt hatte, dass der Mann, den er hier wegen organisierter Kriminalität und Waffenbesitzes in Gewahrsam hatte, exakt derselbe Mafioso war, der für den 1934 stattgefundenen Mord an Ferdinand Boccia verantwortlich gemacht wurde. Dickey war fest entschlossen, Genovese das Handwerk zu legen und ihn nach New York City zurückzuschicken, wo er vor Gericht gestellt werden sollte. Es gab jedoch erheblichen Widerstand von einigen höheren Stellen, die keinen Sinn darin sahen, Ressourcen für die Strafverfolgung oder Abschiebung von Genovese aufzuwenden. Schließlich gab es nach wie vor einen Krieg zu gewinnen und eine brisante innenpolitische Situation zu bewältigen, die außer Kontrolle zu geraten drohte.

Genovese war nun verzweifelt. Er bot Dickey angeblich eine Viertelmillion Dollar an, damit dieser auf seine Vorgesetzten hören würde, die angeblich dazu geraten hatten, den Genovese-Fall zu ignorieren. Dickey war jedoch weiterhin entschlossen und offenbar unbestechlich - der Albtraum eines jeden Mafioso. Er lehnte die Bestechungszahlung also ab, ignorierte seine Vorgesetzten und drängte weiterhin auf Genoveses Auslieferung nach New York. Bestechungsversuche seitens Genovese gegen andere Entscheidungsträger der US-Army führten zu ähnlich enttäuschenden Resultaten. Schließlich zahlte sich Dickeys unablässiges Drängen aus und Genovese sollte aus Italien ausgeliefert werden, um sich der amerikanischen Justiz zu stellen.

Anfang Juni 1945 ging Vito Genovese im Hafen von New York an Land, begleitet von Orange Dickey höchstpersönlich. Genovese wurde am nächsten Tag für den Boccia-Mordprozess vorgeladen. Genovese fand nun heraus, dass sich ein Gangster namens Ernie Rupolo gegen ihn gewandt hatte. Rupolo hatte eine jahrelange Vergangenheit mit Genovese unterhalten, aber nun seine eigenen Probleme zu lösen. Als ihm eine Verurteilung wegen Mordes drohte, verriet er Vito und beschuldigte ihn, um die eigene Haut zu retten. Seine Aussage schien allerdings valide zu sein und die Staatsanwaltschaft hatte obendrein zwei zuverlässige Zeugen, die Rupolos belastende Aussage bestätigten. Nun also schien es, als wäre Genovese erledigt.

Peter LaTempa und Jerry Esposito hießen jene Zeugen, die nach Vitos Rückkehr gegen ihn aussagen sollten. Zum Leidwesen für Dickey wurden LaTempa und Esposito trotz all seiner Bemühungen, Genovese der Gerechtigkeit zuzuführen, tot aufgefunden, bevor sie ihre Aussagen vor Gericht tätigen konnten. LaTempa war der erste, der trotz Polizeischutz tot in seiner Zelle aufgefunden wurde. Im Juni 1946, fast genau ein Jahr nachdem Genovese wieder in New York City gelandet war, wurde Esposito auf offener Straße in New Jersey erschossen aufgefunden. Dass sowohl der Zeitpunkt als auch die Umstände beider Todesfälle höchst verdächtig waren, lag auf der Hand. Die Staatsanwaltschaft konnte jedoch zu diesem Zeitpunkt nichts tun, da die Ermittlungen zu beiden Morden noch nicht abgeschlossen waren. Vorerst stand also nur das Wort von Rupolo gegen das von Genovese und die Gerichte waren gezwungen, seinen Fall aus Mangel an Beweisen einzustellen. Wieder einmal war Vito Genovese durch die Maschen der Justiz geschlüpft und weitgehend ungeschoren geblieben. Am 10. Juni 1946 wurde er auf freien Fuß gesetzt.

Nach seinem ereignisreichen Aufenthalt im neapolitanischen Exil wurde Genovese wieder in Lucianos Familie aufgenommen. Costello war jedoch nicht bereit, Genovese so einfach nach New York zurückkehren und einmal mehr den Titel des *Acting Boss* übernehmen zu lassen. Verständlich, denn Costello hatte Luciano treu gedient, während Genovese in Italien das Leben genoss und mit Diktatoren und Army-Offiziellen kooperiert hatte. Willie Moretti, Costellos Unterboss, war ebenfalls nicht bereit, für den neuen Rückkehrer zurückzutreten. So wurde Genovese zum *Capo*, was für den ehemaligen Boss und designierten Thronfolger eine schwerwiegende Degradierung darstellte. Als Mann, der Genovese war, stieß ihm das sauer auf.

Während Genovese nun auf eine neuerliche Gelegenheit wartete, drehte sich die Welt der Mafia unbeirrt weiter. Ende des Jahres 1946 wurde von Meyer Lansky (auf Weisung von Luciano), der sich bereits in dem kleinen Inselstaat etabliert hatte, ein hochrangiges

Mafia-Treffen in Havanna auf Kuba, einberufen. Der dort regierende Diktator Fulgencio Batista hatte Kuba zu einer Art Enklave für Mafiosi gemacht und damit auch zu einem Ort, an dem sie neben einer freundlich gesonnenen Regierung ungestört operieren konnten. Die Insel war so verlockend, dass Luciano selbst Anfang 1946 heimlich aus seiner italienischen Heimat, wohin er nach dem Zweiten Weltkrieg deportiert worden war, nach Kuba zog. Da ihm der Zutritt zu den Vereinigten Staaten verwehrt war, wollte Luciano auf diese Weise näher am Geschehen sein und die Kontrolle über seine Organisation beibehalten. Schließlich liegt Kuba nur 90 Meilen von Floridas südlichster Spitze entfernt.

Bei jenem Treffen, das als „Havanna-Konferenz" bezeichnet wurde (und das mit ziemlicher Sicherheit als Inspiration für das Havanna-Treffen in *Der Pate II* diente, das in der Verfilmung vom fiktiven jüdischen Gangster Hyman Roth einberufen wurde, dessen Charakter wiederum auf Lansky basierte), waren neben Lansky auch Luciano, Genovese, Costello und Anastasia anwesend. Verschiedene offizielle Themen standen auf der Liste, aber Luciano selbst war mit einer anderen Sache beschäftigt - mit dem Ehrgeiz Vito Genoveses. Luciano wusste genau, dass ein Mann wie Genovese sich nicht mit einer Degradierung auf einen solch relativ niedrigen Rang zufrieden geben würde. Außerdem hatte Genovese verschiedene andere Mafiosi gegen sich aufgebracht, indem er versucht hatte, in deren Gebiet einzudringen und damit seinen eigenen Einflussbereich auszudehnen. Da Luciano befürchtete, dass Genovese sich auf einen Krieg vorbereiten könnte, wollte er auf der *Havanna-Konferenz* seine Position als „Oberster unter Gleichrangigen" in der Mafiawelt wiederherstellen und damit eine weitere blutige Fehde wie beim *Castellammarese-Krieg* vermeiden.

Genovese unterhielt bereits eine Fehde mit Albert Anastasia, dem Boss der Mangano-Familie und um zu verhindern, dass die beiden Fraktionen „auf die Matratzen gehen", bestand Luciano darauf, dass die beiden Gangster ihre Differenzen an Ort und Stelle beilegen würden. Vor den mächtigsten Mafiosi der Vereinigten Staaten reichte Genovese seinem Kontrahenten Albert Anastasia also widerwillig die Hand und versprach, mit ihm zu kooperieren und die Fehde offiziell zu begraben. Hätte Genovese den Waffenstillstand ausgeschlagen und Anastasia gegenüber aggressiv gehandelt, wäre die konzertierte Gegenreaktion der Anderen sicherlich massiv ausgefallen. Genovese war also gezwungen, seinen Ehrgeiz zu zügeln, zumindest für den Moment.

Die Spannungen zwischen Genovese und Luciano waren jedoch so groß wie nie zuvor. Genovese fühlte sich von Luciano benachteiligt und war der Meinung, dass ihm die Rolle des *Acting Boss* der Familie vor Ort zugestanden hatte. Luciano wiederum misstraute Genovese zu diesem Zeitpunkt zutiefst. Gegen Ende der *Havanna-Konferenz* hatte Genovese noch ein geheimes Treffen mit Lucky abgehalten. Die Berichte darüber, was dabei tatsächlich geschah, variieren jedoch. Eine Version besagt, dass Genovese Luciano dazu gedrängt hatte, den Titel *Capo di tutti Capi* wiederzubeleben und ihn selbst zu beanspruchen, damit Genovese die Familie an seiner Stelle operativ führen würde können. In anderslautenden Berichten hieß es, dass Genovese eigentlich wollte, dass Luciano sich einfach zurückziehen und Genovese offiziell als neuen, unangefochtenen Boss der Familie anerkennen würde. Überlieferungen besagten, dass Luciano Genovese ruhig, aber bestimmt zurückgewiesen habe. Wieder andere meinten, Luciano sei wütend gewesen und habe buchstäblich um sich geschlagen. Angeblich verlor „Lucky" die Beherrschung und schlug Genovese brutal zusammen, wobei er ihm die Rippen gebrochen haben soll. So oder so - Luciano war nicht bereit gewesen, die Zügel einem Mann zu überlassen, dem er ohnehin nicht vertraute.

Genovese war nach der Konferenz in die Vereinigten Staaten zurückgekehrt und operierte weiter als *Capo* seiner Crew. Doch schon bald sollte die gesamte New Yorker Mafia unter Zugzwang geraten. 1950 richtete der Senat der Vereinigten Staaten einen Ausschuss ein, der das organisierte Verbrechen untersuchen sollte, insbesondere den Teil, der über die Staatsgrenzen hinausging. Während der Ära der *Kommission* (nicht zu verwechseln mit dem Senatsausschuss) umfasste dies einen signifikanten Teil aller Mafiageschäfte. Der demokratische Senator aus Tennessee, Estes Kefauver, führte den neuen Ausschuss an und lud mehrere prominente Gangster vor, um bei den Anhörungen auszusagen. Zu ihnen gehörten Mickey Cohen, Meyer Lansky, Frank Costello und auch dessen Unterboss Willie Moretti. Der Ausschuss hatte auch unerbittlich nach Genovese suchen lassen, um ihn ebenfalls vorladen zu können, aber Genovese war den Ermittlern durch die Maschen geschlüpft. Er wusste, dass sie hinter ihm her gewesen waren. Die Arbeit von Kefauver und dessen Ausschuss brachte viele Erfolge für die Strafverfolgungsbehörden mit sich, auf die wir in den späteren Kapiteln noch genauer eingehen werden. Für den Moment konzentrieren wir uns aber darauf, dass Willie Moretti, ein wichtiger Akteur innerhalb der Luciano-Familie, eine Aussage getätigt hatte, die zumindest aus Sicht der *Kommission* keineswegs zufriedenstellend gewesen sein konnte.

Fast alle Gangster, die bei den *Kefauver-Anhörungen* hatten aussagen sollen, schwiegen und weigerten sich wiederholt, die Fragen des Ausschusses zu beantworten. Moretti war die bemerkenswerte Ausnahme geworden. Costello wirkte ebenfalls sichtlich nervös, gab aber kaum Informationen preis, die als belastend hätten angesehen werden könnten. Moretti schien jedoch mit den Ausschussmitgliedern zu kooperieren und reagierte vergleichsweise gesprächig, sobald ihm direkte Fragen gestellt wurden. Mehr noch, er wirkte bemerkenswert gut gelaunt, erzählte häufig Witze und nahm die ganze Sache ziemlich locker, ganz im Gegensatz zum stoischen Schweigen der meisten anderen Mafiosi. Morettis seltsames Verhalten beunruhigte die Führung der Genovese-Familie, einschließlich Vito Genovese selbst. Die Familie wusste, dass Moretti an Syphilis erkrankt war und befürchtete bereits, dass die Krankheit auf sein Gehirn übergegriffen hatte. Nachdem man also mitangesehen hatte, wie er sich bei den *Kefauver-Anhörungen* 1950/1951 verhalten hatte, musste etwas gegen Costellos Unterboss unternommen werden - und zwar bevor der noch jegliche Hemmungen verlieren und jedem alle möglichen Fragen beantworten würde.

Die Moretti-Situation erforderte das Handeln der *Kommission*, deren oberste Entscheidungsträger unverzüglich seine Ermordung absegneten und den Auftrag erteilten. Im Herbst 1951 war Moretti mit einer Gruppe von Freunden in einem Restaurant in New Jersey zugegen. Die Identität dieser Männer ist nicht gänzlich sicher, aber wahrscheinlich handelte es sich dabei um Männer von Albert Anastasia. Die offizielle Version besagt, dass sie zu diesem Zeitpunkt die einzigen Gäste im Restaurant gewesen waren. Als die Kellnerin das Lokal verließ und die Männer allein im Gästebereich zurückließ, fielen Schüsse. Moretti wurde daraufhin erschossen an seinem Tisch aufgefunden. Morettis Körper war der einzige, denn seine Begleiter, bei denen es sich mit ziemlicher Sicherheit um die Schützen gehandelt hatte, waren geflohen, bevor das Restaurantpersonal oder die Polizei sie erkennen konnten. Ein Gangster namens John Robliotto wurde schließlich für das Verbrechen verhaftet, aber der Fall gegen ihn wurde fallen gelassen.

Zwei weitere Probleme beschäftigten Genovese nun noch. Zum Einen machten er und seine Frau Anna gerade eine schwere Zeit durch. Anna hatte ihren Vito jahrelang bei seinen kriminellen Geschäften unterstützt und angeblich sogar einige seiner Operationen beaufsichtigt, während er in Italien im Exil gewesen war. Dann waren da noch die regelmäßigen Reisen, die sie dorthin unternommen hatte, um ihrem Mann Geld mitzubringen. Für sie hatte sich jedoch etwas verändert. Während Genovese sie anscheinend immer noch sehr liebte, hatte Anna offenbar eine Abneigung gegen Vito entwickelt und nachdem sie sich zunächst getrennt hatten, reichte sie schließlich auch die Scheidung ein.

Was folgte, war ein chaotischer Zwist zwischen den beiden, bei dem Anna öffentlich über Genoveses Privatleben und seine angeblichen außerehelichen Affären aussagte. Genovese und sein Team hatten ihre eigenen Zeugen geladen, um Annas „wilde" Behauptungen zu entkräften, aber der Schaden war nunmehr irreparabel angerichtet. Parallel zu den privaten Anschuldigungen zwischen den Beiden wurden ebenfalls illegale Aktivitäten zur Sprache gebracht. Nach den *Kefauver-Anhörungen* war diese Art von zusätzlicher Aufmerksamkeit das Letzte, was die Mafia gebrauchen konnte. Diese bizarre Episode in Genoveses Leben, welche sich 1954 endlich beruhigte, hatte aber viele andere Mafiosi, die offenbar entsetzt darüber waren, dass er seine persönliche Ehekrise publik werden ließ, verärgert.

Zum Anderen drohte Genovese erneut die Abschiebung, einmal mehr zurück nach Italien. Im Zuge des unerbittlichen Vorgehens der Regierung gegen das organisierte Verbrechen und auch dem Umstand geschuldet, dass Mafiosi oft schwer zu überführen waren, versuchte man es mit einer neuen Strategie. Da viele prominente Mafiosi nur nachträglich eingebürgerte amerikanische Staatsbürger geworden, jedoch gebürtige Italiener waren, bestand immer noch die Möglichkeit der Abschiebung. Auf diese Weise musste die Justiz die oft mit allen Wassern gewaschenen Gangster nicht erst mühsam anklagen, vor Gericht stellen und versuchen, zuverlässige Zeugen zu finden, bevor die Killer diese wiederum ausschalten konnten, nur um dann die Anklage nach monatelanger Arbeit wieder fallen zu lassen. Wie aber wollte man es rechtfertigen, amerikanische Staatsbürger abzuschieben? Das war nur möglich, falls sie von vornherein keine rechtmäßigen Staatsbürger geworden waren.

Die Regierungsagenten begannen jetzt, die Vorgeschichte und den Hintergrund einiger ihrer Top-Mafia-Zielpersonen zu durchforsten, um Beweise dafür zu finden, dass diese ihre Einbürgerungsdokumente gefälscht hatten. Da eine der ersten Aktivitäten der Mafia in den Vereinigten Staaten ausgerechnet das Fälschen von Einwanderungspapieren gewesen war, lag der Verdacht nahe, dass einige dieser Männer auch bei ihren eigenen Dokumenten nachgeholfen hatten. Genovese war nun eines der Hauptziele und tatsächlich hatte Genovese bei seinen Einbürgerungspapieren geschummelt. Er hatte in seinen Papieren behauptet, dass er nie zuvor wegen eines Verbrechens verurteilt worden war, was bekanntermaßen falsch war. Auch seine annähernd 10 früheren Verhaftungen hatte er verschwiegen. Dies war für den Entzug der Staatsbürgerschaft und die anschließende Abschiebung ausreichend.

Genovese wurde schließlich im Winter 1954 vor Gericht geladen, um sich zu erklären. Das Ziel der Anklage war denkbar einfach - man wollte beweisen, dass Genovese in seinen Einbürgerungsdokumenten vorsätzlich gelogen hatte. Da Genovese nun kaum noch behaupten konnte, dass er vor der Unterzeichnung der Papiere nie verhaftet oder angeklagt worden war, bestand seine Strategie nun stattdessen darin, das Gericht davon zu überzeugen, dass er zu dem Zeitpunkt nicht absichtlich gelogen oder gar Dokumente gefälscht hatte. Vito gab nun häufig vage und manchmal auch widersprüchliche Antworten auf die Fragen des Gerichts. Er behauptete zudem, dass die Regierungsbeamten, die einst seinen Antrag auf Staatsbürgerschaft unterstützt hatten, Genovese anscheinend nicht einmal nach kleineren Straftaten oder gar Verhaftungen gefragt hatten, sondern ausschließlich nach rechtskräftigen Verurteilungen wegen schwerer Vergehen. Aufgrund der hastig erledigten Arbeit der Regierungsbeamten, so behauptete Genovese, dass, falls seine Dokumente tatsächlich ungültig gewesen seien, dies die ausschließliche Schuld der nachlässigen Regierungsangestellten gewesen sei und keineswegs seine eigene. Natürlich hatte Vito Genovese die Regierung niemals bewusst täuschen wollen.

Das Gericht zeigte sich von diesen Ausführungen wenig überzeugt. Genovese verlor in der Folge seine amerikanische Staatsbürgerschaft, obwohl er nichts unversucht gelassen hatte. Das bedeutete zwar noch nicht zwangsläufig, dass er nun abgeschoben werden würde (falls doch, dann erst nach einem langwierigen Abschiebeverfahren), aber es bot für Vito auf jeden Fall einen Grund zur Sorge. Der Mann, dem scheinbar nichts und niemand etwas hatte anhaben können, war plötzlich vielleicht verwundbarer als je zuvor. Zumindest kurzfristig gelang es Genovese aber dennoch, seine Macht und seinen Einfluss weiter auszubauen.

Unterdessen hatte Costello größere Probleme als Genovese. Er hatte gar einige Zeit im Gefängnis absitzen müssen, weil er wegen Missachtung des Gerichts verurteilt worden war. Und ihm drohte, wie Genovese, der Verlust der Staatsbürgerschaft. Zudem hatte Costello einige seiner wichtigsten Verbündeten durch Tod oder Deportation verloren, allen voran seinen Unterboss Willie Moretti. Zu allem Überfluss wurde zu dieser Zeit auch noch aktiv gegen ihn wegen Steuerbetrugs ermittelt. Angesichts Costellos instabiler Lage sah Genovese seine Chance gekommen.

Im Mai 1957 schickte Genovese Vincent Gigante los, einen Mann, auf den wir später noch zurückkommen werden, um Costello zu töten. Dieser schoss ihm in den Kopf, jedoch nicht präzise genug - das Ziel überlebte mit einem Streifschuss. Nun bereiteten sich Genovese und seine Crew auf einen Krieg vor, denn sie wussten genau, dass das Attentat auf Costello massive Gegenreaktionen auslösen könnte. Costellos Reaktion fiel jedoch überraschend ruhig aus. Anstatt einen neuen Mafiakrieg zu beginnen, beschloss Costello, sich still und leise zurückzuziehen. Er übergab die Zügel an Genovese, der nun endlich der Boss der vormaligen *Luciano-Familie*, vormals *Morello-Familie*, vormals *107th Street Mob*, geworden war.

Ungefähr zur gleichen Zeit war Genovese in einer anderen Verschwörung verwickelt gewesen. Albert Anastasia war zu dem

Zeitpunkt der aktuelle Boss der Mangano-Familie und ein langjähriger Freund von Luciano und Costello. Man geht davon aus, dass Genovese nun ein Komplott gegen Anastasia geschmiedet hatte, um Costello und dessen Netzwerk weiter zu schwächen. Einer von Anastasias Männern, Carlo Gambino, war ein renommierter Gangster und Freund von Genovese gewesen. Das bot eine Gelegenheit und so war Genoveses Vorschlag an Gambino denkbar einfach: Beseitige Anastasia und werde zum neuen Boss. Die beiden einigten sich tatsächlich und im Herbst 1957 wurde Anastasia in einem Friseursalon erschossen, so dass Gambino dessen unumstrittener Nachfolger wurde.

Für Genovese sah es im Jahr 1957 also ausgesprochen gut aus. Er war nun das Oberhaupt der wohl mächtigsten Mafia-Familie des Landes geworden und hatte einen engen Verbündeten, der als Boss seiner eigenen Familie mit ihm kooperierte. Es schien, als würden nun zwei Fünftel der New Yorker Mafia-Strukturen im Gleichschritt arbeiten: Die Luciano- und die Mangano-Familie waren von zwei aufstrebenden und skrupellosen Gangstern übernommen worden, die ihre jeweiligen Familien später auch nach sich selbst benennen würden und Genovese selbst schickte sich nun an, einige profitable Jahre vor sich zu haben, aber obwohl seine Position als Boss mehr als ein Jahrzehnt andauern sollte, würde seine Zeit als freier Mann schon bald ablaufen.

Endlich hinter Gittern

Nachdem Genovese die Kontrolle über die *Luciano-Familie* übernommen hatte, versuchte er, seine Macht zu festigen. Als Erstes musste er seine Herrschaft öffentlich (gegenüber den anderen Familien) verkünden, genau wie Luciano es Jahre zuvor in Havanna getan hatte. Zu diesem Zweck berief Genovese nun ebenso ein Treffen der landesweiten Mafiabosse ein. Joe Barbara, führender Kopf in Pennsylvania, wurde mit den Vorbereitungen dafür betraut. Das Treffen fand im November 1957 in Barbaras Landhaus in Apalachin/New York statt. Es standen mehrere dringende Angelegenheiten auf der Tagesordnung, die offiziell besprochen werden mussten, aber Genoveses eigentliches Motiv war klar. Zum Unglück für Genovese hatte eben jenes Treffen in Apalachin seinen Einfluss innerhalb der italo-amerikanischen Mafia keineswegs gestärkt, sondern sein Ansehen eher geschädigt. Barbara hatte im Vorfeld einiges dafür getan, um zu verhindern, dass Informationen über das Treffen an die Strafverfolgungsbehörden durchsickern würden. Das war weitgehend erfolgreich verlaufen, aber es wurde ein fataler Fehler gemacht. Einer der Schecks, mit denen ein Motelzimmer für einen der zahlreichen Gangster, die nach New York geflogen waren, bezahlt wurde, hatte sich als ungültig entpuppt. Die Besitzer riefen also die Polizei, die so zufällig herausfand, dass der bekannte Mafioso Barbara eine ganze Reihe von Zimmern für ungenannte Männer reserviert hatte. Den Motel-Eigentümern hatte man erzählt, dass die Gäste zu einem Kongress einfliegen würden. Die Polizei wurde jedoch misstrauisch, nachdem sie den vermeintlichen Veranstaltungsort inspizierte und kaum Hinweise auf eine solche Veranstaltung hatte ausmachen können. Also beschloss die Polizei, stattdessen Barbaras Haus zu überprüfen und stieß dabei auf ein Geheimtreffen der mächtigsten Unterweltgrößen Nordamerikas.

Überraschenderweise waren daraus keinerlei Verhaftungen resultiert, nachdem die Polizei das Treffen aufgelöst und mehrere der flüchtenden Gangster gefasst hatte. Fast keiner von ihnen hatte

Waffen mitgebracht, und die, die es getan hatten, besaßen eine Genehmigung dafür. Auch lag gegen keinen der Männer ein Haftbefehl vor und alle hatten eine gute Geschichte parat: Sie hatten angegeben, einen Krankenbesuch für ihren kranken Freund Barbara organisiert zu haben. Die Polizei ließ daraufhin alle Männer frei, aber die Anführer der Familien waren über dieses Ereignis alles andere als glücklich. Sie befürchteten nun, dass eine weitere Bloßstellung der Mafia im landesweiten Rampenlicht noch mehr unerwünschte Aufmerksamkeit der Strafverfolgungsbehörden auf sich ziehen würde. Sie waren zu Recht wütend auf Genovese gewesen, denn der Vorfall in Apalachin sorgte für eine wahre Flut von Schlagzeilen und ebnete den Weg für weitere Ermittlungen.

Für Genovese wurde es nun schnell kritischer. Im Jahr 1958 wurde er wegen Drogenhandels verhaftet. Zu dieser Zeit verfolgten die Strafverfolgungsbehörden aggressiv den Drogenhandel im ganzen Land, außerdem hatten sowohl die *Kefauver-Anhörungen* als auch die schmutzige Wäsche im Ehestreit von Vito und Anna darauf hingedeutet, dass die Mafia, insbesondere Genovese, in den Drogenhandel verwickelt gewesen waren. Irgendwann vor Vitos Verhaftung waren er und einige seiner Männer in ein Drogengeschäft verwickelt, von dem die Behörden entweder vorab Wind bekommen oder es kurz darauf herausgefunden hatten. Angeblich war es Carlo Gambino gewesen, der das Komplott zusammen mit Tommy Lucchese als Partner geplant gehabt hatte. Gambino soll seine Freundschaft mit Genovese ausgenutzt haben, um den neapolitanischen Don endgültig zu beseitigen.

Diese mögliche Verschwörung wurde heftig diskutiert und falls sie der Wahrheit entprochen hatte, dann hatten Gambino & Co. sie aus zwei Gründen durchgezogen: Gambino wollte in Genoveses Revier eindringen und nicht wenige waren damals der Meinung gewesen, dass Genovese für seine Rolle im Apalachin-Vorfall bestraft werden sollte. Wie dem auch sei, Genovese wurde schließlich aufgrund einer hieb- und stichfesten Anklage verurteilt und erhielt 1959 eine 15-jährige Haftstrafe. Es gibt jedoch so einige unbeantwortete Fragen zu Genoveses Verurteilung. Vor allem die Tatsache, dass die Staatsanwaltschaft behauptete, der Boss sei persönlich in den Drogendeal verwickelt gewesen, überrascht, denn dies erschien reichlich unglaubwürdig. Mafiabosse geben sich üblicherweise große Mühe, nicht mit derartigen Verbrechen direkt in Verbindung zu kommen. Auch gibt keinen plausiblen Grund dafür, warum der Prozess gegen ihn so simpel hätte verlaufen sollen, wie er es getan hatte. Falls es stimmt, dass es eine derartige Verschwörung gegeben hatte, kann man davon ausgehen, dass die Zeugenaussagen gekauft gewesen waren. All das war für Genovese jetzt aber bedeutungslos, denn er hockte nun im Gefängnis, wo er bis zu seinem Tod im Jahr 1969 bleiben sollte.

KAPITEL 5
DER WEG ZUM RICO-GESETZ

Nachdem Vito Genovese eingesperrt worden war, blieb er noch etwa ein Jahrzehnt lang der nominelle Boss der Genovese-Familie. Während seiner Abwesenheit bildeten die höheren Ränge der Familie jedoch einen Rat, eine Art Junta, die in Genoveses Namen Entscheidungen traf und das Tagesgeschäft der Organisation leitete. Der erste dieser Räte bestand aus dem *Acting Boss* Tommy Eboli, seinem Unterboss Gerardo Catena und Philip Lombardo, auch bekannt als „Benny Squint", ein Spitzname, den er sich wegen seiner dicken Brille und seiner angeblich schlechten Sicht eingehandelt hatte. Die Familie operierte bis in die 60er Jahre hinein auf diese Weise, doch 1970 wurde die Welt der Mafia durch die Verabschiedung des *Racketeer Influenced and Corrupt Organizations Act*, auch bekannt als *RICO*-Gesetz, aus ihren Angeln gehoben. In diesem Kapitel werden wir die Entstehung des *RICO*-Gesetzes und den Kampf der italo-amerikanischen Mafia mit den immer kritischeren Bedingungen näher beleuchten.

Die Valachi-Anhörungen und das Ende der *Omertà*

Im Jahr 1959 wurde der Genovese-Mafioso Joe Valachi zusammen mit Genovese inhaftiert, beide Männer erhielten 15 Jahre Haft. Die beiden landeten im selben Gefängnis in Atlanta, wo sie Berichten zufolge eine Zeit lang zusammen untergebracht waren. Am Anfang kamen sie gut miteinander aus und gaben aufeinander acht. Doch mit jedem Tag, den sie im Gefängnis verbrachten, wurde Valachi paranoider. Er glaubte, dass Genovese sich gegen ihn zu wenden begann und verdächtigte auch andere Gefangene damit, dass der Boss sie überredet hatte, ihn loszuwerden. Außerdem berichtete Valachi später, dass Genovese bei mehreren Gelegenheiten mit ihm darüber sprach, wie die Ratten in der Mafia ausgemerzt und beseitigt werden müssten. Seine Paranoia hatte ihn nun davon überzeugt, dass es sich dabei um verschlüsselte Drohungen gehandelt hatte und dass Genovese Valachi als jene Ratte bezeichnet hatte, die ausgemerzt werden musste. Die Situation spitzte sich 1962 zu, als Valachi einen Mitgefangenen zu Tode prügelte, weil er ihn für einen von Genovese geschickten Killer gehalten hatte.

Da Valachi nun nicht nur wegen Drogenhandels, sondern auch wegen Mordes dran war, musste er davon ausgehen, möglicherweise den Rest seines Lebens im Gefängnis verbringen zu müssen. Der verängstigte Valachi beschloss jetzt, dass seine beste Option darin bestand, der Regierung seine volle Kooperation anzubieten. Ein Gefängnisaufenthalt mit Genovese erschien ihm einfach nicht länger sicher. Im Oktober 1963 machte Valachi vor dem Senat eine Aussage, welche die Welt der Mafia für immer verändern sollte. Er schilderte die Geschichte der Mafia, seinen Arbeitsalltag als *Soldat*, die Struktur der Familie, die Verbrechen und nannte darüber sogar die Namen einiger prominenter Gangster.

Zum ersten Mal in der amerikanischen Geschichte hatte ein *„Made Man"* die Existenz der amerikanischen Mafia gegenüber Außenstehenden offiziell zugegeben und das sogar in einem öffentlichen Protokoll. Er benannte alle fünf Familien und auch die Namen ihrer Bosse. Nicht einmal der halbverrückte Willie Moretti war einst so weit gegangen. Valachi beschrieb sogar die mystischen Aufnahmerituale, den vielleicht geheimnisvollsten Aspekt der Mafia überhaupt. Bei diesen Anhörungen wurde die amerikanische Mafia nun genau unter die Lupe genommen, und die *Cosa Nostra* war fast über Nacht zu einem prominenten Begriff geworden. Endlich war die Mafia kein Geheimnis mehr. In vielerlei Hinsicht bedeutete das Jahr 1963 also auch das Ende der *Omertà*.

Der *Kefauver-Ausschuss* war so etwas wie der Brennstoff und die Valachi-Anhörungen waren der alles entzündende Funke gewesen. In der Zeit nach Valachi nahmen die Bemühungen verschiedener Regierungsstellen, gegen das organisierte Verbrechen vorzugehen, stark zu. Das Bild der Mafia wurde im öffentlichen Bewusstsein neu gezeichnet. Die alten Methoden, im Verborgenen zu leben, funktionierten nun nicht mehr und das organisierte Verbrechen musste sich anpassen. Die Mafia und die Behörden lieferten sich nun ein Wettrüsten, und das neue *RICO*-Gesetz warf bereits erste Schatten voraus.

Die Kreuzritter

An der Aufgabe, die Mafia zu zerstören, waren so einige beteiligt gewesen und von denen haben wir manche bereits besprochen. Zum Zeitpunkt des Treffens in Apalachin gab es jedoch bereits Kreuzritter auf einigen der höchsten Regierungsebenen. Zu ihnen gehörte auch der berühmte und langjährige Chef des FBI: J. Edgar

Hoover. Er war seit der Gründung des FBI im Jahr 1935, bis zu seinem Tod im Jahr 1972, der Direktor der Behörde gewesen. Hoover hatte eine monumentale Karriere, aber sie war nicht ohne Kontroversen verlaufen. In den ersten drei Jahrzehnten hatte Hoover noch keine nennenswerten Fortschritte bei der Bekämpfung der Mafia gemacht und stets darauf bestanden, dass das organisierte Verbrechen kein wirkliches Problem darstellen würde.

Aber warum war das so? Zwei Hinweise könnten die Antwort liefern. Verschiedene Quellen berichteten, dass die Mafia Hoover jahrzehntelang mit Bildern erpresst hatte, die angeblich von Costello und Meyer Lansky beschafft wurden und Hoover in äußerst kompromittierender Weise mit einem anderen Mann, seinem Stellvertreter Clyde Tolson, zeigten. Es gilt auch als wahrscheinlich, dass Hoover nicht hart durchgreifen wollte, weil er selbst mit der Mafia zu tun gehabt hatte. Dass Hoover ein gewohnheitsmäßiger Glücksspieler war und gerne sein Glück bei Rennen versuchte, ist kein Geheimnis. Zudem kursierten Gerüchte, dass Hoover von Mafiosi Tipps auf manipulierte Sportereignisse bekommen hatte, als kleine Belohnung für dessen Wegschauen.

Wie dem auch sei, Hoover hatte die Gangster jahrzehntelang vor dem langen Arm des Gesetzes verschont. Das änderte sich jedoch mit dem Apalachin-Desaster von 1957 und den *Valachi-Anhörungen* aus dem Jahre 1963. Nach diesen Ereignissen wurde das FBI für seine laxe Haltung zunehmend heftig kritisiert. Für Hoover war es politisch nun nicht mehr vertretbar, die Mafia zu ignorieren und so musste sich ab den 60er Jahren das organisierte Verbrechen mit der vollen Hingabe der staatlichen Ermittler auseinandersetzen.

Im Jahr 1961 wurde Robert Kennedy zum Generalstaatsanwalt der Vereinigten Staaten ernannt. Nach den Kefauver-Anhörungen war Kennedy über die Macht des organisierten Verbrechens erzürnt gewesen. Seine Ziele als Generalstaatsanwalt waren für alle klar: Die Mafia zerstören und ihren Einfluss auf die Gewerkschaften, insbesondere die „Teamsters" (Transportgewerkschaft), zurückdrängen. Zuvor hatte Kennedy zahlreiche Ermittlungen gegen den Teamsters-Präsidenten Jimmy Hoffa geführt, der seine Gewerkschaft vollständig mit der Mafia verzahnt hatte. Nach den Erkenntnissen um Valachi war Kennedys Entschlossenheit gefestigt und blieb unerschütterlich, bis seine Familie etwa einen Monat später von einer Tragödie heimgesucht werden sollte. Roberts Bruder, Präsident John F. Kennedy, wurde inmitten einer Autokolonne in Dallas/Texas erschossen. Während er selbst und die Nation trauerten, trat sein Kreuzzug vorübergehend in den Hintergrund, was jedoch nicht lange so bleiben sollte. Dann setzte er seine massiven Bemühungen fort, bis auch er 1968 ermordet wurde.

Bis heute kursieren zahlreiche Verschwörungstheorien um die Kennedy-Morde, nicht zuletzt wegen der Komponente der Mafia-Ermittlungen. Viele glauben, dass der Präsident im Auftrag der Mafia ermordet wurde, um Robert zu demonstrieren, dass dessen Kreuzzug nicht geschätzt wurde. Sogar bei Roberts Ermordung gab es Gerüchte, dass es sich um einen Mafia-Anschlag gehandelt hatte. Falls diese Verschwörungstheorien wahr sein sollten, wären diese gewiss die extremsten Aktionen in der Geschichte der Mafia gewesen. Es gibt zwar Präzedenzfälle für die Beteiligung der Mafia an Attentaten auf höchster Ebene (verschiedene Mafiosi wurden von der US-Regierung im Zuge der kubanischen Revolution angeworben, um den neuen Präsidenten Fidel Castro zu beseitigen), aber es gibt nur wenige Anhaltspunkte für diese spezifische Theorie.

Auch wenn die Mafia derartig drastische Maßnahmen nicht ergriffen hatte, so bestand doch kein Zweifel daran, dass sowohl Hoover als auch Kennedy zu einem ernsthaften Problem für das organisierte Verbrechen geworden waren. Jene Mission, die Thomas Dewey in den 30er und 40er Jahren losgetreten hatte, wurde in der zweiten Hälfte des 20. Jahrhunderts von einer neuen, besser ausgerüsteten Generation von Bundesagenten weitergeführt. Obwohl Kennedy verstarb, noch ehe seine Arbeit mit dem *RICO*-Gesetz ihren Höhepunkt erreichen konnte, sollten seine Bemühungen in den 70er und 80er Jahren verheerende Folgen für die Familien haben. Damals trat ein weiterer Kreuzritter ins Rampenlicht, der sich des organisierten Verbrechens annahm - der Staatsanwalt Rudolf Giuliani.

Die Ära der „Front Bosses"

Im Zuge der stetig wachsenden Bedrohung durch die Ermittlungen des FBI und des Auftretens neuer, hochrangiger Persönlichkeiten, die öffentliche Kampagnen gegen die Mafia führten, sah sich diese gezwungen, sich anzupassen oder zugrundezugehen. Das System, das die Genovese-Familie über Jahrzehnte entwickelt hatte, um die Bosse vor der Strafverfolgung zu schützen, musste neu justiert werden, denn es war bereits klar geworden, dass das System nicht länger wasserdicht war. Die offensichtliche Lösung bestand darin, das zu tun, was man am besten konnte: Täuschungsmanöver. Das System der *Front Bosses* wurde ins Leben gerufen.

Die Strategie war einfach: Ein ausgewähltes Mitglied der Familie würde sich wie der Boss verhalten. Er würde sich wie der Boss gebaren, seine Untergebenen würden ihn wie den Boss behandeln und er würde das Gesicht der Familie verkörpern. Die offensichtliche Absicht bestand darin, Verwirrung zu stiften und die Ermittler in die Irre zu führen, um sie von der Spur Philip Lombardos abzubringen, jenem Mann, der die Familie nach Genoveses Tod 1969 im Gefängnis übernehmen sollte. Eboli, der wahrscheinlich tatsächlich Boss geworden wäre, wenn seine Gesundheit nicht so angegriffen gewesen wäre, diente bis zu seiner Ermordung drei Jahre später als erster „Front Boss".

Irgendwann in den späten 60er Jahren hatte Eboli ein Darlehen von der Gambino-Familie aufgenommen, um neue Gaunereien zu finanzieren. Nach der Zerschlagung seiner Geschäfte durch die Behörden war Eboli offensichtlich nicht in der Lage gewesen, die Schulden zurückzuzahlen, was Carlo Gambino verärgerte. Die Angelegenheit wurde der *Kommission* vorgelegt und nach eingehender Beratung wurde der Anschlag auf Eboli genehmigt. Im Juli 1972 wurde der „Front Boss" mit Schüssen im Vorbeifahren ermordet. Carmine Zeccardi sprang für kurze Zeit als Lombardos Tarnung ein, bevor auch er verschwand.

Ein *Capo* der Genovese-Familie, Frank Tieri, war der Nächste an der Reihe. Es wird gemunkelt, dass Gambino dies tatsächlich geplant hatte, weil er den diplomatischen und freundlich gesonnenen Tieri als Chef der (zeitweise) rivalisierenden Genoveses sehen wollte. Falls das stimmt, dann wurden sogar die anderen New Yorker Familien von den Genoveses getäuscht - Lombardo, nicht Tieri, hatte nämlich das Sagen. Mit diesem System von Tarnbossen hatte man das FBI fast 20 Jahre lang auf die falsche Fährte locken können. Und das äußerst erfolgreich: Lombardo, der erste Genovese-Boss, der von „Front Bosses" geschützt wurde, entging der Strafverfolgung und verschwand im Jahr 1981 friedlich im Ruhestand. Sechs Jahre später verstarb er als freier Mann. Die „Front Bosses" selbst hatten in der Ära des *RICO*-Gesetzes nicht annähernd so viel Glück.

Vincent Gigante, auf den wir gleich noch näher eingehen werden, baute das System der „Front Bosses" sukzessive aus, nachdem er Boss der Genoveses geworden war. Die Genoveses bekamen nun mehr Verantwortung und sahen sich ebenso stärkerem Druck ausgesetzt. Der stets paranoide Gigante brauchte nicht nur Männer, die auf dem Papier der Boss waren, sondern auchn solche, die buchstäblich auf die Straße gehen und seine Arbeit für ihn erledigen mussten. Wie wir noch sehen werden, sorgte Gigantes Angst, sein Haus zu verlassen dafür, die Struktur und die Befehlskette der Genovese-Familie ernsthaft zu beeinträchtigen.

Das RICO-Gesetz

Im Jahr 1970 wurde der „Racketeer Influenced and Corrupt Organizations Act", auch bekannt als *RICO*, in Kraft gesetzt, nachdem er von Robert Blakey und Senator John McClellan konzipiert worden war. Letzterer war derselbe Mann, der bereits die *Valachi-Anhörungen* geleitet hatte. *RICO* sollte in erster Linie der italo-amerikanischen Mafia den Todesstoß versetzen, indem das Gesetz eines ihrer mächtigsten Hilfsmittel gefährdete - das Vermögen. Wenn führenden Mafiosi eine Verurteilung gedroht hatte, hatten diese ihre Vermögenswerte oft beiseite geschafft, um zu verhindern, dass die Staatsanwaltschaft etwas Wertvolles beschlagnahmen konnte.

Manchmal wurde das Vermögen auch in sicherere Hände weitertransferiert und den Anwälten überlassen, um sich eine zuverlässige und erfahrene Verteidigung für den Rechtsstreit zu sichern. Auch wurde das Geld mitunter dazu verwendet, um die Ermordung von Hauptzeugen zu finanzieren und so sicherzustellen, dass die Staatsanwaltschaft wenig Beweise haben würde.

Im Rahmen des *RICO*-Gesetzes konnten die Staatsanwälte nun erstmals vorübergehend alle Vermögenswerte und Barmittel der Mafia beschlagnahmen, von denen man annahm, dass sie illegal erwirtschaftet worden waren. Dies war nun bereits vor Prozessbeginn möglich und stellte sicher, dass die Gangster kein Geld für Mordaufträge aufbringen, sich keine teuren Anwälte leisten oder ihr Geld und Vermögen an sichereren Orten außerhalb der Reichweite des Gesetzes verstecken konnten. Dies war für die Strafverfolgung von besonders großer Bedeutung, da die Unfähigkeit, für ein teures Anwaltsteam zu bezahlen, viele Gangster in den folgenden Jahrzehnten dazu zwang, sich einfach schuldig zu bekennen oder Deals zu akzeptieren.

Für diejenigen, die mit einer *RICO*-Anklage konfrontiert wurden, waren die Strafen drakonisch. Verdächtige, die innerhalb von zehn Jahren zwei oder mehr Straftaten im Rahmen eines kriminellen Unternehmens begangen hatten, mussten nun mit exorbitanten Geldstrafen und 20 Jahren Gefängnis pro Fall rechnen. Im Kontext der Mafia bezog sich das „Unternehmen" natürlich auf die organisierte Struktur einer Mafiafamilie. Da die Regierung und die amerikanische Öffentlichkeit zu diesem Zeitpunkt bereits weitgehend über die Existenz der Mafia Bescheid wussten, war es nicht weiter schwer, Verdächtige mit Mafiafamilien in Verbindung zu bringen.

Die Zahl der Straftaten, die als Erpressungstatbestände aufgelistet waren, war entprechend groß und nach einiger Zeit hatte sich *RICO* als äußerst effektiv entpuppt. Nach nur zwei Jahren verabschiedete die Mehrheit der US-Bundesstaaten eigene *RICO*-Gesetze auf Bundesstaatenebene, um die staatenübergreifende Kriminalität weiter einzudämmen.

Nach neun Jahren fand schließlich der erste *RICO*-Prozess statt. Interessanterweise wurde er nicht gegen Mitglieder der italo-amerikanischen Mafia geführt, sondern gegen eine Einbrecherbande in Kalifornien und Nevada. Sie hatten sich offenbar auf eine Weise verhalten, die die Gerichte als organisiertes Verbrechen definierten. Nach der Verabschiedung des *RICO*-Gesetzes konnten die Obersten in der Mafia-Hierarchie noch viele Jahre lang relativ unbehelligt bleiben, doch in den 80er Jahren begann die Bundesstaatsanwaltschaft damit, die Mafiafamilie Genovese ins Visier zu nehmen.

KAPITEL 6

VINCENT „THE CHIN" GIGANTE & DIE 80ER JAHRE

Die 80er Jahre beinhalteten eine Zeit des Aufruhrs, der Unsicherheit und der Paranoia für die Genovese-Familie und die Mafia im Allgemeinen. *RICO* hatte sich bereits in den 70er Jahren wirksam gezeigt, aber die wirkliche Bewährungsprobe würde erst die Festnahme der Mafiabosse werden können. Doch nichts schien die Mafia-Maschinerie aufhalten zu können und die Genovese-Familie erfreute sich neuer Möglichkeiten und potentieller Freiheiten für die Bosse, solange die „Front Boss"-Masche funktionierte. In diesem Kapitel geht es nun um die Genovese-Familie in den 80ern und um den Aufstieg des ehemaligen einfachen Mafiaschlägers Vincent Gigante.

Die Expansion

Einer der ersten großen Schritte der Genoveses in den 80er Jahren hatte in dem Versuch bestanden, zu expandieren. Vier Jahre zuvor hatte Atlantic City das Glücksspiel und den Casinobetrieb legalisiert. Atlantic City war zu dieser Zeit nicht besonders attraktiv gewesen, aber die Bruno-Familie aus Philadelphia hatte die Gelegenheit am Schopfe gepackt. Der Bruno-Mafioso Nico Scarfo wurde dorthin entsandt, um im Namen der Familie das Glücksspiel zu betreiben. Scarfo machte sich schnell einen Namen und nachdem seine Firma mit dem Bau mehrerer Casinos beauftragt worden war, wuchs seine Machtbasis durch seine Beteiligung an den Casinos massiv an. Er war fortan der große Mann in Atlantic City.

Währenddessen schmiedete Antonio Caponigro, der *Consigliere* von Boss Angelo Bruno, einen Plan. Er war der Ansicht, dass die Zeit der Brunos nun gekommen war und wollte die mächtige Philadelphia-Familie selbst leiten. Caponigro wandte sich nun an die Genovese-Familie in New York und wollte einen Deal mit dem derzeitigen (Front-)Boss Frank Tieri aushandeln. Einige Quellen behaupten jedoch das Gegenteil: Tieri hatte Caponigro angeblich den Plan schmackhaft gemacht. Auf jeden Fall war die Vereinbarung erfolgreich: Caponigro fühlte sich in seiner Entscheidung, Bruno beseitigen zu lassen, sicher, da ihm Tieri offenbar die Unterstützung der *Kommission* zugesichert hatte. Tieri hatte jedoch andere Pläne und hatte weder die Absicht, die *Kommission* über die Pläne zu informieren, noch Caponigro in der Folgezeit zu unterstützen. Im März 1980 wurde Bruno vor seinem Haus in Philadelphia niedergeschossen.

Es ist nicht ganz klar, woher die *Kommission* wusste, dass Caponigro hinter dem Anschlag gesteckt hatte. Jedenfalls wurde er aufgefordert, sich zu erklären. Während der Sitzung wurde jegliche Kenntnis Tieris von dem Plan geleugnet und die Entscheidung, den *Consigliere* aus Pennsylvania zu verurteilen, bekräftigt. *Die Kom-*

mission entschied nun, dass es sich um einen hinterhältigen Anschlag auf einen geschützten Boss gehandelt hatte. Caponigros Leiche wurde einen Monat später aufgefunden.

Der Tod von zwei der ranghöchsten Mitglieder der Bruno-Familie führte zu einem blutigen Machtkampf in Philadelphia. Die Genovese-Familie, angeführt von dem Duo Lombardo/Tieri, setzte sich für Nico Scarfo ein, den großen Glücksspiel-Magnaten aus Atlantic City, der die Macht von seinen verstorbenen Vorgesetzten in Philadelphia übernehmen wollte. Am Ende war Scarfo damit erfolgreich und läutete eine neue Ära für die Familie Bruno ein. Als Gegenleistung für die Unterstützung erhielten die Genoveses von Scarfo jetzt ihrerseits den Segen, in der Glücksspielbranche von Atlantic City tätig zu werden, die er unter Kontrolle hatte.

Die Einmischung der Genoveses in die Angelegenheiten anderer Familien war erfolgreich gewesen, aber während sich diese Affäre in Philadelphia abspielte, gab es Ärger für die Familie daheim. Frank Tieri wurde als Teil eines kriminellen Unternehmens wegen organisierter Kriminalität vor Gericht gestellt. Tieri war zu diesem Zeitpunkt krank und schwach - seine Anwälte nutzten dies zu ihrem Vorteil, indem sie versuchten, seinen Zustand für eine geringere Strafe auszunutzen. Die Gerichte fielen jedoch nicht darauf herein und Tieri wurde Anfang 1981 verurteilt. Er wurde damit zum ersten Mafiaboss in der Geschichte, der aufgrund einer *RICO*-Anklage verurteilt worden war und eine Ära der Angst für das organisierte Verbrechen eingeleitet hatte. Es stellte sich heraus, dass Tieri seine Krankheit nicht nur vorgetäuscht hatte: Kaum zwei Monate nach seiner Inhaftierung erlag der Mafiaboss seinem Leiden und starb damit in Haft.

Nachdem Tieri verschwunden war, wurde Tony Salerno zum neuen „Front Boss" ernannt. Dies war nicht die einzige Veränderung in der Familie Genovese: Philip Lombardo, der Mann, der tatsächlich die Zügel in der Hand gehalten hatte, beschloss nun, in den Ruhestand zu gehen und überließ dem gescheiterten Costello-Attentäter Vincent Gigante die Leitung der Familiengeschicke.

<u>Vincent „The Chin" Gigante</u>

Vincent Gigante war ein brutaler, bedrohlich aussehender Kerl mit einer imposanten Figur, der wegen seiner groben Gesichtszüge den Spitznamen „The Chin" (das Kinn) erhalten hatte. Nachdem er in den 40er Jahren als Boxer aktiv gewesen war, begann Gigante seine Mafiakarriere als Vollstrecker und Schützling von Vito Genovese. Nachdem er sich im Teenageralter der Mafia angeschlossen hatte, besaß er bereits vor seinem 26. Geburtstag ein umfangreiches Vorstrafenregister. Genau wie sein Mentor Genovese blieb Gigante jedoch weitgehend von Gefängnisstrafen verschont. Nachdem er sich als „Made Man" in der Genovese-Familie etabliert hatte, schlug Gigante seine Klauen in die Gewerkschaftskriminalität, war im Kreditgeschäft tätig und operierte im Glücksspiel. Er war auch ein vertrauenswürdiger Mann fürs Grobe innerhalb der Familie und führte hochkarätige Anschläge aus, wie das Attentat auf Boss Frank Costello.

Obwohl Gigantes von Genovese in Auftrag gegebener Anschlag auf Frank Costello grandios gescheitert war, blieb er noch jahrzehntelang ein vertrauenswürdiges Vollmitglied der Familie. Gigante entging zudem einer Verurteilung wegen versuchten Mordes, weil Costello sich an die *Omertà* hielt, aber 1959 hatte er nicht mehr so viel Glück (bei demselben Prozess, der Genovese bis zu seinem

Tod hinter Gitter brachte). Gigante verbüßte jedoch nur fünf Jahre und wurde nach seiner Entlassung sogar befördert. 1969 wurde er erneut angeklagt, diesmal wegen Bestechung, doch die Anklage wurde fallen gelassen, da sein Anwaltsteam seine schlechte psychische Verfassung als mildernden Umstand anführte. Die Vorstellung, Gigante sei psychisch labil, sollte ihn für den Rest seines Lebens begleiten, unabhängig davon, ob er wirklich krank war oder nicht.

Als Gigante die Zügel von Philip Lombardo übernommen hatte, war die Genovese-Familie nicht mehr die offensichtlich mächtigste Verbrecherorganisation in New York gewesen. Die Gambinos, die nicht selten mit den Genoveses auf Kriegsfuß gestanden hatten, hatten eine mächtige rivalisierende Familie aufgebaut, die bald von einem der berühmtesten Gangster der gesamten Geschichte angeführt werden sollte: John Gotti. Gotti hatte die Ermordung des früheren Gambino-Bosses Paul Castellano angeordnet, der ein Freund von Gigante gewesen war. Erschwerend kam hinzu, dass der Mord an Castellano offenbar nicht von der *Kommission* genehmigt worden war. Gotti ergriff dennoch die Macht und mit dem Mord begann auch eine spannungsgeladene Rivalität zwischen den beiden Bossen, die 1986, nur wenige Monate nach Castellanos nicht autorisierter Ermordung, ihren Höhepunkt erreichen sollte.

Ein paar Schlüsselmomente hatten zuvor Gigantes Fähigkeit, die Familie in dieser neuen Ära zu regieren, stark beeinflusst. Das erste Ereignis fand statt, bevor er überhaupt an die Macht gekommen war. Im Jahre 1981 hatte die Regierung den ersten Mafiaboss nach *RICO*-Gesetzgebung verurteilt - Genovese „Front Boss" Frank Tieri. Gigante, ohnehin schon ein seltsamer Mann, wurde bei dem

Gedanken an eine Anklage zunehmend paranoid. In den 80er Jahren wurde eine ganze Reihe prominenter *RICO*-Fälle angesetzt, darunter auch die Anklage von Gigantes Freund, dem Gambino-Boss Paul Castellano, im Jahr 1984. Diese Anklagen verstärkten Gigantes Psychose nur noch mehr. Schließlich, im Frühjahr 1992, wurde auch John Gotti nach *RICO*-Strafrecht verurteilt, nachdem er zwei Jahre zuvor verhaftet worden war. Gotti erhielt nun das erschreckende Urteil - lebenslange Haft.

Gigante trieb ständig die Angst davor um, dass er der Nächste sein könnte und so ergriff er drastische und ungewöhnliche Maßnahmen, um seine Sicherheit zu gewährleisten. Gigante wurde zum Einsiedler. Aus Angst, verfolgt oder ausspioniert zu werden, verließ er sein Haus nur noch selten. Wenn er es doch tun musste, so sorgte er dafür, dass das Haus nie unbewacht blieb, weil er befürchtete, dass Bundesagenten sich hineinschleichen könnten, um Wanzen anzubringen. Gigante war auch dafür bekannt, dass er nur flüsterte, wenn er mit anderen sprach, um zu verhindern, dass seine Stimme von potenziellen Wanzen abgehört werden konnte. Telefonate nahm er nur vor, wenn es sich überhaupt nicht vermeiden ließ. Er soll sogar ins Telefon geklopft oder gepustet haben, bevor er sprach, um potenzielle Mithörer zu ärgern und abzuschrecken. Die Männer der Genoveses mussten sich fortan auf Handgesten oder verschlüsselte Botschaften verlassen, wenn es um Gigante ging - sie waren angewiesen worden, seinen Namen niemals auszusprechen.

Gigante war durch und durch paranoid geworden, was ein Produkt der damaligen Umstände und der wachsenden Aufmerksamkeit seitens der Bundesstaatsanwälte auf die Mafia gewesen war. Mitte des Jahrzehnts sollte es für Gigante und den Rest der Mafia jedoch noch schlimmer kommen. Das organisierte Verbrechen sah sich mit einer neuen Untersuchung konfrontiert, welche die höchste Ebene des italo-amerikanischen organisierten Verbrechens treffen sollte: *Die Kommission*. Angeführt wurden die Anklagen im Jahre 1985 von einem neuen, aufstrebenden Anti-Mafia-Kämpfer namens Rudolph Giuliani.

Rudy Giuliani und die Mafia-Anklagen

Schon vor dem Prozess gegen die *Kommission*, der ihn zu einer landesweit prominenten Figur machen sollte, hatte Giuliani eine beeindruckende Erfolgsgeschichte vorzuweisen. Ungefähr zur gleichen Zeit, als er sein Jurastudium in Manhattan abschloss, engagierte sich Giuliani zunehmend in der Politik. Die erste Kampagne, an der er sich beteiligt hatte, war die Präsidentschaftskandidatur von Robert Kennedy im Jahr 1968, dem wichtigsten Bekämpfer der Mafia in der damaligen Zeit. Später arbeitete Giuliani in der Regierung von Gerald Ford und Anfang der 80er Jahre wurde er stellvertretender Generalstaatsanwalt unter Ronald Reagan. 1983 wurde er zum US-Generalstaatsanwalt für den südlichen Teil New Yorks ernannt, wo er persönlich Verbrechen verfolgte und eine lange Liste von Verurteilungen anhäufte. Zuvor hatte sich Giuliani auf die Verfolgung von Korruption innerhalb der amerikanischen Regierung selbst konzentriert, aber Anfang der 80er hatte er speziell die organisierte Kriminalität New Yorks ins Visier genommen.

Mit dem ausdrücklichen Ziel, jene Imperien zu zerstören, die die Mafia in seiner Stadt über Jahrzehnte hinweg aufgebaut hatte, machte sich Giuliani an eine ganze Reihe von Anklagen, die als „Mafia Commission Trial" bekannt werden sollten und zwischen

1985 und 1986 stattfanden. Zu Beginn der 80er hatte die New Yorker Sondereinheit für organisierte Kriminalität durch Überwachung und Abhörmaßnahmen von der *Kommission* und ihren internen Abläufen erfahren. Dies eröffnete eine wunderbare Gelegenheit für Staatsanwaltschaft. Zuvor konnten die Gerichte mit Hilfe des *RICO*-Gesetzes schon zuvor die Pyramiden-Hierarchie einer bestimmten Verbrecherfamilie angreifen (z. B. einen Boss der Bonanno-Familie mit den Verbrechen eines Soldaten der Bonannos in Verbindung bringen usw.), aber jetzt konnte man die Mafia-Führungsriege sogar querbeet anklagen, indem man sie alle mit dem kriminellen Konstrukt „Die Kommission" in Verbindung bringen konnte. Die Möglichkeit, die oberste Führung so auf einen Schlag dezimieren zu können, war nun gegeben. Vincent Gigantes Paranoia hatte sich als begründet erwiesen.

Der Prozess gegen die *Kommission* begann im Februar 1985 und sollte erst Ende 1986 abgeschlossen werden. Gegen fast ein Dutzend Mafiosi aus New Yorks Familien wurden Anklagen erhoben, die von Gewerkschaftskorruption bis hin zu Mord und Attentatsplänen reichten. Alle Angeklagten plädierten auf „nicht schuldig", bis auf zwei Ausnahmen wurden jedoch alle verurteilt. Die einzigen, die nicht verurteilt worden waren, waren der Boss und der Unterboss der Gambinos, Paul Castellano und Aniello Dellacroce. Beiden war aber dennoch keine Freiheit vergönnt - Castellano wurde ermordet, noch ehe er verurteilt werden konnte und Dellacroce erlag seinem Krebsleiden. Der Bonanno-Boss Phil Rastelli, ein weiterer Angeklagter, wurde in einem separaten Prozess verurteilt. Alle anderen acht übrigen Angeklagten erhielten Haftstrafen von jeweils 100 Jahren in einem Bundesgefängnis. Die einzige Ausnahme bildete einer von Rastellis Capos, der „nur" 40 Jahre erhielt.

Die Verurteilungen führten zur Zerschlagung mehrerer Führungsstrukturen innerhalb der New Yorker Familien. Die Luccheses und die Colombos wurden besonders hart getroffen, wobei die Lucchese-Familie gleich die drei ranghöchsten Mitglieder ihrer Führungsriege verlor, darunter den Boss Tony Corallo. Obwohl die Zahl der lebenslangen Haftstrafen für hochrangige Bosse die Psychose von Vincent Gigante bestätigt hatte, gehörte er selbst gar nicht zu den Angeklagten, denn natürlich war er ja nicht der offizielle Boss der Familie gewesen. Stattdessen war es Tony Salerno, der „Front Boss", der für den Rest seines Lebens hinter Gittern verschwand.

Was Giuliani betraf, so hatte er gerade das Oberhaupt der Genovese-Familie für ein Jahrhundert ins Gefängnis schicken können. Genau wie all die Staatsanwälte in den anderthalb Jahrzehnten vor ihm, war aber auch er auf den Trick mit dem Strohmann hereingefallen. Der wahre Boss war in Sicherheit und steuerte die Familie aus seiner selbstgewählten Isolation heraus. Doch obwohl Gigante sich alle Mühe gab, sich vor dem FBI zu verstecken, sollte der Plan, der ihn vor dem Kommissionsprozess bewahrt hatte, bald aufgedeckt werden und damit auch die Identität des wahren Genovese-Bosses.

Im März 1986 wurde schließlich der Genovese-Mafioso Vincent Cafaro angeklagt. Er sollte wegen seiner Rolle bei der Organisation von Gewerkschaftsbetrügereien eingesperrt werden, aber bevor er vor Gericht landen konnte, unternahm er einen drastischen Schritt, um dem Gefängnis zu entgehen. Drastisch, aber zu diesem Zeitpunkt bereits üblich geworden - er wandte sich an die Bundesanwälte und bot seine Kooperation als Zeuge gegen die Mafia an. Er war der letzte in einer langen Reihe von Mafiosi, die zu Zeugen wurden, eine Reihe, die seit der Aussage von Joe Valachi exponentiell gewachsen war. Cafaro versorgte die Regierung mit Informationen über die Struktur der Genoveses und gab Einzelheiten ihrer kriminellen Aktivitäten preis. Er zeichnete sogar heimlich Treffen im Kreise der Führungsriege auf. Vor allem aber enthüllte er, dass die Staatsanwaltschaft den falschen Mann erwischt hatte, als sie den Boss der Genoveses zu 100 Jahren verurteilt hatte. Salerno hatte sich nun als Bauernopfer für Vincent „The Chin" Gigante entpuppt und damit auch für jenen Gangster, der für sein unberechenbares Verhalten und seine offensichtliche Geisteskrankheit berüchtigt gewesen war. Das Schema des „Front Bosses" wurde nun aufgedeckt, nicht gerade zum Ruhme des FBI, das nun von Salerno darüber informiert worden war, dass es bereits seit 1969, also fast zwei Jahrzehnte lang, zum Narren gehalten worden war.

Der Untergang von Vincent Gigante

Obwohl Gigante nun ein klar definiertes Ziel für das FBI geworden war, sollte er erst in den 90er Jahren mit Konsequenzen rechnen müssen. Spätestens seit den späten 70ern war die Familie an der Monopolisierung von Fensterbau-Aufträgen in New York City beteiligt gewesen. Dass die Installationsfirmen, deren Gewerkschaften von den Genoveses kontrolliert wurden, die Mehrheit der Verträge erhielten, war ein klarer Vorteil für die Familie, welche ihre Auszahlungen entsprechend der Gewerkschaftsarbeit einstrich. Dazu wurde das System zur Vergabe von Aufträgen an verschiedene

Unternehmen manipuliert, nämlich durch fingierte Ausschreibungen. Es überrascht daher nicht, dass die Preise für die Aufträge durch die mafiösen Machenschaften im Zuge der Angebotsmanipulation drastisch angestiegen waren.

Im Mai 1990 wurde der verschlossene Gigante schließlich wegen seiner Rolle und seiner Führungsfunktion bei dieser Form des Gewerkschaftsbetrugs angeklagt. In der *RICO*-Ära war nun damit zu rechnen, dass Gigante eine harte Strafe erhalten würde. Nachdem er einige Jahre zuvor mit ansehen musste, wie viele seiner Kollegen durch Rudolph Giulianis Arbeit zu lebenslanger Haft verurteilt worden waren, schien die Lage nun besonders bedrohlich. Gigante und seine Anwälte entschieden sich für eine Taktik, die sich in der Vergangenheit des Bosses bereits bewährt hatte. Sie plädierten auf Unzurechnungsfähigkeit und behaupteten, der Mafioso sei nicht in der Lage, sich einem Strafprozess zu stellen. Er brauche psychische Hilfe und kein Gefängnis, so hieß es. Dieses Bild von sich hatte Gigante schon seit einiger Zeit kultiviert und um alle Zweifel nun endgültig zu zerstreuen, erschien er zu seiner Anklageerhebung „in seiner üblichen Ausgehkleidung: in Pyjama und Bademantel" *(Raab, 2005)*. Gigante sah zerzaust und verwirrt aus.

Obwohl es nicht auszuschließen ist, dass Gigante tatsächlich geistig beeinträchtigt gewesen war, wird weithin angenommen, dass dies alles nur ein Trick gewesen war. Die Vorstellung, dass Mafiosi auf Unzurechnungsfähigkeit plädieren, um dem Gefängnis zu entgehen, wuchs nach diesem Spektakel zu einer Art Klischee heran und wurde sogar in der HBO-Serie *Die Sopranos* verarbeitet, als der alternde Boss der Familie mit seinen Anklagen konfrontiert wurde. Unabhängig davon, ob Gigantes psychische Probleme real gewesen waren, wurde die Anklage aus dem Jahr 1990 jahrelang durch die Frage hinausgezögert, ob Gigante legal vor Gericht gestellt werden durfte oder nicht. Das sollte letztlich jedoch keine große Rolle spielen, da er noch weitere Probleme zu bewältigen hatte, bevor eine Lösung dafür gefunden werden konnte.

Im Jahr 1992 wurde der inoffizielle *Capo di tutti Capi* John Gotti, der Chef der mächtigen Gambinos, verurteilt, nachdem er mit mehreren Mordfällen in Verbindung gebracht worden war. Diese prominente Verurteilung brachte Gigante nur noch mehr in Bedrängnis, denn ohne Gotti war er nun für die wohl einflussreichste Verbrecherorganisation in ganz New York verantwortlich und damit ein großes Ziel geworden. Im Sommer des folgenden Jahres wurde Gigante erneut angeklagt, dieses Mal wegen seiner Beteiligung an Mord und versuchtem Mord. Eine der Anklagen wurde gegen ihn erhoben, weil er angeblich einen gescheiterten Anschlag auf Gotti in den späten 80er Jahren angeordnet hatte, was eine Vergeltungsmaßnahme für Castellanos Tod gewesen war. Dies war also mindestens Gigantes zweiter verpatzter Auftragsmord gewesen.

Gigantes Anwaltsteam trug zahlreiche Zeugenaussagen zusammen, welche die Geschichte von der Unzurechnungsfähigkeit des Bosses untermauern sollten, aber die Bemühungen waren vergeblich. Anfang der 90er Jahre war auch der ehemalige Gambino-Unterboss Sammy Gravano übergelaufen und wurde zum Zeugen für die Regierung. Etwa fünf Jahre später, im Jahr 1996, wurde er zu Gigantes Anhörung einberufen, um den Geisteszustand des Genovese-Bosses zu klären. Zum Unglück für Gigante sagte Gravano den Staatsanwälten genau das, was diese hören wollten. Gravano zufolge war Gigante über all die Jahre ein völlig gesunder und rationaler Mann gewesen.

Wenn er das nicht gewesen wäre, hätte er wohl niemals eines der größten kriminellen Unternehmen des Landes organisieren und leiten können. Die Unzurechnungsfähigkeit war neben dem Plan des „Front Bosses" nur ein weiteres Mittel gewesen, um den paranoiden Gigante vor den neugierigen Augen und Ohren des FBI und der Staatsanwaltschaft schützen zu können. Das reichte aus, um die Gerichte davon zu überzeugen, dass Gravano verhandlungsfähig gewesen war. Ein weiterer wichtiger Zeuge für die Regierung hieß Peter Savino, ein Mafioso, dem Gigante anscheinend tatsächlich vertraute, was für einen von Paranoia geplagten Mann eher untypisch ist. Im Winter 1997 wurde Vincent „The Chin" Gigante schlicßlich zu 12 Jahren Haft verurteilt. Obwohl dies für den alternden und kränkelnden Gigante möglicherweise einer lebenslangen Haftstrafe gleich kam, war der Boss überraschend glimpflich davongekommen.

Gigante reihte sich damit in die lange Reihe der berüchtigten Genovese-Bosse ein, die hinter Gittern landeten. Trotz seiner Verurteilung blieb Gigante bis ins 21. Jahrhundert hinein das nominelle Oberhaupt der Genoveses. Die Verfolgung des italo-amerikanischen organisierten Verbrechens, die den Strukturen und der Organisation der Mafia bereits irreparablen Schaden zugefügt hatte, blieb für alle fünf New Yorker Familien weiterhin eine Bedrohung. Das Jahr 2000 markierte dann den Beginn eines neuen Jahrzehnts staatlicher Ermittlungen, die zu einer erheblichen Zerrüttung innerhalb jener Familie führen sollte, der Gigante auch im Gefängnis noch immer vorstand. Dies wird den Schwerpunkt des nächsten Kapitels bilden.

KAPITEL 7

DIE MAFIA IM NEUEN JAHRTAUSEND

Gigantes Verurteilung war sicherlich nicht der letzte Schlag, den das FBI den Genoveses versetzen konnte. Von den späten 90er Jahren bis ins neue Jahrtausend hinein schien es, als ob die einst so erfolgreiche Mafiafamilie einem nicht enden wollenden Ansturm von Anklagen und Verurteilungen ausgesetzt war. Die Genoveses waren nun zerrüttet, ungeordnet und standen vor der Aufgabe, sich neu strukturieren zu müssen, nachdem ihre Führungsstruktur zerbrochen war. Trotz allem blieben die Genoveses bestehen und sind auch heute noch aktiv.

„The Chin" im Gefängnis

Die Mafia, insbesondere die Genovese-Familie, wurde immer wieder von Bossen aus dem Gefängnis heraus geleitet. In der Regel besuchten sogenannte Läufer den inhaftierten Boss und gaben Informationen, Befehle und Empfehlungen an den *Acting Boss* oder in manchen Fällen auch an eine Art Gremium weiter. Sowohl Vito Genovese als auch Lucky Luciano hatten das so gehandhabt. In früheren Jahrzehnten war es für eine Mafiafamilie relativ einfach gewesen, unter einem inhaftierten Boss weiterzuarbeiten. Die Haftbedingungen waren nachsichtiger gegenüber dem organisierten

Verbrechen und es war in der Regel auch recht einfach gewesen, die richtigen Leute zu bestechen, um sich einen gewissen Spielraum verschaffen zu können. Du erinnerst dich vielleicht noch an die Szene aus Martin Scorseses Film *Goodfellas*, in der Henry Hill und Co. erst ins Gefängnis kommen, wo sie wie Könige leben, ihre Zeit genießen und geduldig auf ihre Entlassung warten. Diese Darstellung war sicherlich übertrieben, aber nicht gänzlich frei erfunden gewesen.

Vielleicht war Gigante einfach ein Opfer seiner Zeit. Er wurde Boss in einer Ära immer stärker werdenden staatlichen Drucks und als er schließlich ins Gefängnis kam, wurde es sogar noch schlimmer. Die Führung der Familie hinter Gittern fortzusetzen, sollte sich für Gigante in den späten 90ern und frühen 2000ern als echte Herausforderung entpuppen. Inhaftierte Gangster wurden bei ihren Kontakten mit Fremden nun streng überwacht und so war es für viele nicht länger möglich, Nachrichten zu übermitteln - und wenn sie es doch versuchten, landeten ihre Läufer oft ebenfalls im Gefängnis. Gigante schaffte es jedoch trotzdem, die Familie über seinen Sohn Andrew Gigante im Auge zu behalten und mit ihr in Kontakt zu bleiben. Das ging etwa fünf Jahre lang so, bis die Kommandostruktur der Genovese einen weiteren schweren Schlag erleiden musste. Viele von Gigantes engsten Vertrauten waren inzwischen entweder inhaftiert oder ermordet worden und so manch bewährter, aber alternder Oldtimer litt unter gesundheitlichen Komplikationen. Da der Boss nicht mehr kommunizieren konnte und seine vertrauenswürdigsten Leute verloren gegangen waren, befand sich die Mafiafamilie Genovese nun in einer veritablen Krise.

Im Jahr 2002 wurde Gigante ein weiteres Mal wegen krimineller Handlungen, aus dem Gefängnis heraus, angeklagt. Neben ihm wurde auch sein Sohn Andrew belangt, denn die Regierung hatte herausgefunden, dass Gigante die Genoveses immer noch vom Gefängnis aus leitete. Eine weitere Farce von Gigante wurde nun aufgedeckt und zu allem Überfluss war Gigante nun auch noch dafür verantwortlich, dass seinem eigenen Sohn eine jahrzehntelange Haftstrafe drohte. Da es für den Boss nun alles andere als gut aussah, beschloss er, seine Schuld zuzugeben. Er beichtete den Staatsanwälten vieles von dem, was diese über seine Verbrechen hören wollten, um einen Deal auszuhandeln.

Es war zwar schon lange bekannt gewesen, dass Mafiosi für die Regierung auspacken, sobald eine Verurteilung droht, aber dass der Boss einer Familie mit der Regierung kooperierte, verursachte Schockwellen ganz neuen Ausmaßes. Selbst Genovese „Front Boss" Salerno, der lebenslang ins Gefängnis gewandert war, um Gigante decken zu können, hatte die *Omertà* nicht gebrochen. Es ist wahrscheinlich, dass Gigante, als er den Zugang zu jener Familie verloren hatte, die er seit 1981 geleitet hatte, das Gefühl bekam, nichts mehr zu verlieren zu haben. Ein Teil des Deals, den Gigante nun mit der Regierung schloss, bestand darin, dass sein an den Familiengeschäften beteiligter Sohn nicht ins Gefängnis würde gehen müssen. Andrew wurde zwar trotzdem verurteilt, aber seine Strafmaß hatte nur einen Bruchteil dessen, was ohne Gigantes Kooperation zu erwarten gewesen wäre.

Vor der Verhandlung hatte Gigante jene Beweise offenbart, welche die Staatsanwaltschaft dem Gericht vorlegen wollte - Tonbandaufzeichnungen. Die Tonbänder zeigten einen Vincent Gigante, der durchaus in der Lage war, klar zu sprechen und zu denken. Jetzt war die Staatsanwaltschaft nicht länger auf Zeugen aus den Reihen der Mafiosi angewiesen und hielt den unstrittigen Beweis in den Händen. Nachdem sich Gigante zum Wohle der Familie für die verbleibenden Jahre seines Lebens schuldig bekannt hatte, ließ er die Maskerade fallen. Die Welt wusste nun, dass sein bizarres Verhalten eine ausgeklügelte, jahrelange Farce gewesen war. Gigante blieb Berichten zufolge ruhig, gefasst und zuversichtlich, während er nach seinem Outing weiterhin im Gefängnis einsaß. Im Winter 2005 starb Vincent Gigante im Alter von 77 Jahren im Gefängniskrankenhaus.

Die endgültige Zerschlagung

Während der meisten Zeit, in der Gigante inhaftiert war, fungierte Matty Ianniello als *Acting Boss.* Zwischen Gigantes beiden Verurteilungen war die Familie geschwächt und reif für die Zerschlagung. Mike D'Urso, ein Verbündeter der Familie, wurde kurz darauf zum Kronzeugen und etwa zur gleichen Zeit wurde eine der *Capo*-Crews von einem Undercover-Agenten infiltriert. Die Bemühungen der beiden Maulwürfe führten schließlich zur Verurteilung mehrerer Genovese-Drahtzieher und dutzender Soldaten und Verbündeter der Familie. Nun war nicht nur die Führungsstruktur der Familie zerrüttet, sondern auch viele der Fußsoldaten, die das Rückgrat der Organisation gebildet hatten, wurden eingesperrt. Das wohl bekannteste Verbrechen, das ihnen zur Last gelegt wurde, war der Versuch, Millionen von Dollar aus einem Kreditinstitut der Zeitung *New York Times* abzuzweigen.

Eine Zeit lang hatte Ianniello einen Prostitutionsring in New York kontrolliert und war in Erpressungsdelikten im Zusammenhang mit einer Busfahrergewerkschaft verwickelt gewesen. Doch zum Zeitpunkt von Gigantes Tod ging auch Ianniellos Zeit zu Ende. In einem Zeitraum von 11 Monaten zwischen 2005 und 2006 wurde Ianniello zweimal angeklagt, einmal in New York und einmal in Connecticut. Die Anklage in Connecticut bezog sich auf seine Beteiligung an der Erpressung von Kontrakten der Müllabfuhr, einem Markt, der in Großstädten zu einem festen Bestandteil der Mafia geworden war. Da es um die Gesundheit des Acting Bosses schlecht bestellt war, wurde er vor Gericht geschont. Er bekannte sich in beiden Fällen schuldig und verbüßte zwei Jahre in einem Bundesgefängnis in North Carolina, bevor er im Sommer 2012 in seinem New Yorker Haus verstarb.

Nachdem Gigante (der offizielle Boss) ebenfalls verstorben war und Ianniello nach seiner Anklage abgedankt hatte, wurde Daniel Leo (sein richtiger Nachname lautet möglicherweise Leonetti), ein ehemaliger *Capo*, zum neuen Boss. Es schien, als würde sich die Genovese-Familie wieder um eine starke Führungsstruktur herum gruppieren, aber in Wirklichkeit hatte die Familie keine beeindruckende zentrale Figur mehr, die sowohl verankert als auch renommiert gewesen war. Leo wurde bald darauf zusammen mit mehreren anderen Genovese-Gangstern wegen Kreditwucher verurteilt. Am Ende verbüßte er nur fünf Jahre davon, aber nachdem er 2013 entlassen wurde, war seine Position als Boss wahrscheinlich schon wieder neu besetzt worden, was jedoch nicht ganz klar erwiesen ist. Im Jahr 2010 wurde der Neffe des Bosses, Joe Leo, wegen der gleichen Vorwürfe wie Daniel Leo verurteilt. Joe hatte Daniel dabei geholfen, seine New Yorker Glücksspiel- und Kreditgeschäfte zu betreiben.

Vieles an Leos Geschichte ist nicht zweifelsfrei klar. Es ist bekannt, dass er einst Mitglied der „Purple Gang" in East Harlem gewesen war, einer relativ lose strukturierten Drogengang. Diese Gang war die meiste Zeit ihrer Geschichte nur vage mit wirklichen Mafia-Strukturen verbunden, entwickelte aber schließlich enge Verbindungen zu den Genoveses, vor allem unter der Herrschaft von „The Chin" Gigante. Leos Aufstieg verlief ziemlich kometenhaft: Er stieg von einem Verbündeten bis zum *Capo* und schließlich zum Chef der gesamten Organisation auf. Unabhängig von seiner Geschichte kann man mit Sicherheit sagen, dass sowohl Daniel Leo als auch Joe Leo in den Überlieferungen aus den Reihen der Mafia keine Rolle spielen. Darauf werden wir gleich aber noch näher eingehen.

Zu diesem Zeitpunkt war klar geworden, dass niemand in der Mafia-Hierarchie auch nur annähernd länger sicher war. Jeder, von den einfachen *Associates* bis hin zu den Bossen, wurde strafrechtlich verfolgt. In dieser Zeit wurden die Reihen der Genovese-Familie erheblich dezimiert und auch ihre Reputation als einflussreiche Mafiafamilie ist seitdem in Frage gestellt. Was das italo-amerikanische organisierte Verbrechen generell angeht, so ist es sicherlich nach wie vor ein Faktor, aber trotz allem ist die Mafia heute nur noch ein Schatten ihrer selbst. Die Mafia ist zu einer Organisation geworden, die sich scheinbar nicht mehr an die alten Prinzipien der *Omertà* hält und die bei drohenden Gefängnisstrafen nur zu gerne überläuft. Vielleicht war es „Lucky" Luciano, also jener Mann, der dafür bekannt war, die italo-amerikanische Mafia fernab alter Traditionen zu amerikanisieren, der diesen Trend einst in Gang gesetzt hatte. Vielleicht war aber auch einfach der Druck, den die immer gewiefteren und entschlossenen Behörden ausübten, für den Niedergang ursächlich. Unabhängig von der Ursache ist die italo-amerikanische Mafia heute schlicht nicht länger die glanzvolle, weltweit aufsehenerregende Organisation, die sie über Jahrzehnte hinweg gewesen war.

Die Mafiafamilie Genovese der Gegenwart

Die Genovese-Familie ist heute, vielleicht aufgrund des Vermächtnisses und der Praktiken von Vincent Gigante, die geheimnisvollste und mysteriöseste aller italo-amerikanischen Verbrecherfamilien. Seit den späten 2000er und frühen 2010er Jahren ist ein Großteil ihrer aktuellen Struktur unklar. Es wird angenommen, dass die Genoveses Maßnahmen ergriffen haben, um sowohl ihre Relevanz als auch ihre Anonymität zu wahren. Während der Herrschaft von Gigante war es notwendig geworden, das System der „Front Bosses" zu reformieren. Gigante brauchte jemanden, der seine Aufgaben in der Mafia übernahm, während er sich in seinem Haus verstecken konnte. Diese Personen wurden als „Street Boss" bekannt, also Männer, die ihr Ohr am Puls der Straße hatten, während der Boss sich vor neugierigen Blicken verborgen hielt.

Das harte Durchgreifen gegen das organisierte Verbrechen, das in den 90er und frühen 2000er Jahren stattfand, wurde in den letzten Jahren fortgesetzt. Ausgerechnet die Verwicklung der Mafia in die Müllentsorgung sollte hierbei der Knackpunkt werden. Im Jahr 2013 wurde erneut eine große Anzahl von Genovese-Verbündeten und Mitgliedern wegen krimineller Machenschaften in der Abfallwirtschaft angeklagt. Viele kooperierten einfach mit den Staatsanwälten, wie es zu diesem Zeitpunkt bereits üblich geworden war. Die *Omertà* war inzwischen nur noch eine traditionelle Gepflogenheit, denn eiserne Regel geworden. Im weiteren Verlaufe des Jahrzehnts wurden weitere umfangreiche Verhaftungen und Anklagen initiiert, vor allem im Rahmen einer großen NYPD-Ermittlung bezüglich Kreditwucher im Herbst 2017.

Angesichts der vielen Verurteilungen auf hoher und niedriger Ebene und der Tatsache, dass es nicht einmal annähernd so etwas wie einen *Capo di tutti Capi* gab, schien die Struktur der Genoveses unwiederbringlich zerstört zu sein. Die Bosse genossen fortan nicht mehr den Respekt der Masse, wie es ihre Vorgänger von den 20er bis zu den 80er Jahren des letzten Jahrhunderts getan hatten und die Popularität war erst recht dahin. Eine Erklärung scheint für all das wahrscheinlich: Nachdem die Regierung in den 80er und 90er Jahren alle Ressourcen auf die Mafia losgelassen hatte, indem sie der Führung direkt an die Gurgel gegangen war, wurden viele Mafiosi der „alten Schule", für die die *Omertà* noch eine gewisse Bedeutung gehabt hatte, wenn auch nur aus Sentimentalität oder Nostalgie wegen, aus der Mafia beseitigt. Das hatte zur Folge, dass viele der höchsten Positionen innerhalb relativ kurzer Zeit unbesetzt blieben. Ein derartiger Exodus war beispiellos und die Reihen der Familie waren nicht darauf vorbereitet. Das bedeutete auch, dass fortan schneller befördert wurde, um diese wichtigen, vakanten Positionen neu besetzen zu können. Schneller, als es die Traditionen der Mafia normalerweise vorschreiben würden. Männer, die plötzlich *Capo*, Unterboss oder Boss wurden, waren schlicht nicht so erfahren wie ihre Vorgänger. Da sie sich in der Mafiawelt die Zähne ausbissen, während ihre potenziellen Mentoren hinter Gittern einsaßen, sahen viele dieser Gangster es als normal an, verhaftet zu werden und als Zeugen auszusagen.

Paranoia schien nun zur vorherrschenden Eigenschaft der höheren Hierarchie-Ebenen innerhalb der Mafia geworden zu sein und Vincent Gigantes groteske Marotten hatten damit die Zukunft der Genovese-Familie eingeläutet. Da sowohl die Führungspositionen als auch die niedrigeren Ränge der Mafia für junge Gangster weniger attraktiv geworden waren als je zuvor, kam es zu ernsthaftem Mitgliederschwund. Das Ergebnis war eine Lockerung der traditionellen Mafia-Aufnahmevoraussetzungen. Erinnere dich in diesem Zusammenhang nur einmal an die frühen Jahre der Genoveses, an die Zeit von Luciano, Masseria und an den *Castellammarese-Krieg*. Zu dieser Zeit hatte der auf dem alten Erbe basierende Traditionalismus immer noch hohes Gewicht, obwohl Luciano bereit gewesen war, mit Nicht-Italienern zusammenzuarbeiten. Um jedoch ein „Made Man" werden zu dürfen, musste man italienischer Abstammung sein (manchmal sogar sizilianischer Abstammung, obwohl Vito Genovese dabei eine offensichtliche Ausnahme war). Im Laufe der Zeit wurde dies abgeschwächt und nur noch die Abstammung des Vaters war entscheidend, um aufgenommen zu werden. Heutzutage wird angesichts des Mangels an aufstrebenden Gangstern davon ausgegangen, dass es wohl ausreicht, dass ein Elternteil teilweise italienischer Abstammung ist, um in die Reihen der Familie aufgenommen zu werden. Das Bestreben danach, relevant zu bleiben, hat verzweifelte Zustände erreicht.

Die Mafia ist heute auch weniger offen erkennbar als je zuvor. Vorbei sind die Zeiten, in denen Mafiosi in der Nähe von Geschäften in aller Öffentlichkeit herumhingen und an Straßenecken mit anderen angesehenen Gangstern plauderten und scherzten. Die so genannten Mafiosi führen ein Leben im Verborgenen und jede Form von Popularität ist ein Grund zur Sorge geworden. Von der Mafia angeordnete Morde, die früher ein fester Bestandteil der internen und externen Machtkämpfe waren, sind heute selten geworden. Dank moderner forensischer Techniken und der Erstellung von DNA-Profilen können Mafiafamilien ihre Rivalen kaum noch ohne Rücksicht auf rechtliche Konsequenzen ausschalten. Das Festhalten an strikter Geheimhaltung scheint eines der wenigen Dinge zu sein, die die Genovese-Familie an ihr Fortbestehen binden. Es wird angenommen, dass die Identität des wahren Bosses, der das Sagen hat, vor allen geheim gehalten wird, außer vor den obersten „Made Men" der Genoveses. Unbestätigten Spekulationen zufolge wird angenommen, dass ein Mann namens Liborio Bellomo derzeit zumindest als „Street Boss" der Genoveses fungiert.

Dieser Wandel innerhalb der italo-amerikanischen Mafia war hat weitreichende Spuren hinterlassen und der Reiz, sich einer Mafia-Crew anzuschließen, hat stark gelitten. Für viele potentielle Mafiosi schien eine Anklage unausweichlich zu sein und das wirkte abschreckend auf potenzielle neue Mitglieder. Die Zahl der Mitglieder der Familie schrumpfte kontinuierlich und obendrein war die Position des Bosses immer weniger attraktiv geworden. In früheren Jahrzehnten war der Titel des Bosses noch etwas gewesen, für das man einen Mord beging. Dieser Titel war etwas, für das es sich lohnte, Intrigen und Komplotte zu schmieden, er war begehrt. Heute wird der Titel wahrscheinlich nur noch als Last und Quell der Paranoia angesehen. Bosse genießen nicht länger jenen Respekt, der legendären Anführern wie Morello, Luciano und Vito Genovese zuteil geworden war. Heute kann man sich nicht darauf verlassen, dass die „Made Men" ihr Schweigen wahren. Laut dem berühmten *Mafia-Museum* in Las Vegas war Vincent Gigante der letzte in der Ära der berühmt-berüchtigten großen Bosse. Ianniello und Leo würden nie zu bekannten Namen heranwachsen können, ebenso wenig wie deren Nachfolger. Eines der ersten Statements, die Tony in *Die Sopranos* abgibt, treffen auf die allgemeine Stimmung der Mafiabosse von heute zu: „Es ist gut, wenn man von Anfang an dabei ist. Dafür bin ich zu spät dran, ich weiß. Aber in letzter Zeit habe ich das Gefühl, dass ich ganz am Ende eingestiegen wäre. Das Beste ist vorüber."

DAS FAZIT

Im August 2022 machte ein beliebtes Café in Long Island Schlagzeilen in der *New York Times*. Wie sich herausstellte, hatte es fast 10 Jahre lang als Fassade für einen illegalen Glücksspielring, der von den Familien Genovese und Bonanno betrieben wurde, gedient. Das Café war nur eines in einer Reihe von Scheinfirmen, die durch die jahrelangen Ermittlungen der Behörden auf Bundes- und New Yorker Ebene aufgedeckt worden war. Die Operation wurde durch die Mitarbeit eines seit 15 Jahren tätigen Detectives der New Yorker Polizei unterstützt, der angeblich auf Wunsch der Genovese- und Bonanno-Anführer gegen Schmiergeld rivalisierende Glücksspielrunden überfallen hatte.

Neun Gangster aus beiden Familien wurden angeklagt und der Detective wurde aufgrund einer strikten Null-Toleranz-Politik in Bezug auf die Beteiligung der Polizei am organisierten Verbrechen ohne weitere Bezahlung suspendiert. Carmelo Polito, angeblich ein aktueller *Capo* der Genoveses, wurde außerdem angeklagt, illegale Glücksspiel-Websites betrieben und den Mord an einer Person angedroht zu haben, die sich durch Verluste bei Polito verschuldet hatte. Alle wurden wegen organisierter Kriminalität als Teil einer kriminellen Organisation angeklagt. Zu den anderen untersuchten Scheinfirmen gehörten eine Schuhreparaturwerkstatt und ein

Fußballclub in Queens, bei denen festgestellt wurde, dass sie geheime Räumlichkeiten für Glücksspiele beherbergt hatten. Allein der Coffeeshop hatte schätzungsweise $10.000 pro Woche umgesetzt.

Was vermag uns diese Geschichte, die zum Zeitpunkt des Verfassens dieser Zeilen erst ein paar Monate alt ist, über den aktuellen Zustand der Mafia zu sagen? Offensichtlich sind die Fünf Familien immer existent und quicklebendig. Sie sind nach wie vor ein Faktor des organisierten Verbrechens in Amerika, vor allem im Epizentrum New York City. Diese Geschichte macht gleichzeitig auch deutlich, dass trotz des enormen Drucks, der auf das organisierte Verbrechen seit den 80er Jahren ausgeübt wird, immer noch viel Geld auf der falschen Seite des Gesetzes zu verdienen gibt. Geschätzte Jahreseinnahmen von fast einer halben Million Dollar aus einem einzigen Glücksspielbetrieb sind jedenfalls nicht zu verachten. Offensichtlich gibt es also immer noch einen gewissen Anreiz, als Mafioso zu agieren.

Wir erkennen aber auch, dass sich die Strafverfolgungsbehörden auf Bundes- und Bezirksebene nicht auf ihren Lorbeeren ausruhen, seit ihre *RICO*-Anklagen in den vergangenen Jahrzehnten die traditionelle Mafiaführung dezimiert haben. Die Behörden sind immer noch in der Lage, jahrelange Arbeit und enorme Ressourcen in die Ermittlungen gegen kriminelle Mafiageschäfte zu investieren. Außerdem sehen wir anhand dieser Geschichte, dass es auch heute noch Anreize für die Polizei gibt, sich unter dem Einfluss von Mafiosi korrumpieren zu lassen. Das war natürlich schon immer so, aber etwas an der Bestrafung des Detectives gibt uns einen Hinweis darauf, wie sich die Dinge geändert haben - normalerweise werden

Polizeibeamte nur selten sofort bestraft, wenn ihnen ein Vergehen zur Last gelegt wird. Noch seltener ist die Einbehaltung der Bezüge von Beamten, die suspendiert wurden. In diesem Fall hat der Staat New York eine klare Botschaft an alle Staatsbediensteten ausgesandt, die bereit sind, ihre Dienste an kriminelle Organisationen zu verkaufen. Das alles sollte aber nicht weiter überraschen - New York City hat die Auswirkungen des ungehinderten organisierten Verbrechens und der grassierenden Polizeikorruptionam eigenen Leibe erlebt. Die Tatsache, dass die Bundes- und Landesbehörden auch im Jahr 2022 noch eine harte Linie gegenüber der Mafia fahren, verheißt nichts Gutes für die Zukunft dieser sizilianisch-amerikanischen Subkultur, die vor mehr als einem Jahrhundert in den Vereinigten Staaten ihren Anfang nahm.

Eines sollte jedoch am Ende dieses Buches klar geworden sein: Die Mafia ist von Natur aus opportunistisch veranlagt, geheimnisumwoben und bemerkenswert hartnäckig. Nach all der Zeit und jahrzehntelanger Verfolgung ist es unwahrscheinlich, dass die Mafia in absehbarer Zeit aussterben wird. Wahrscheinlicher ist vielmehr, dass die „Fünf Familien" und ihre Mitglieder weiterhin im Verborgenen und am Rande der Gesellschaft agieren werden, weit weg vom Rampenlicht, das frühere prominente Bosse wie Genovese und Luciano genossen haben. Wie die meisten Organisationen sollte auch die Mafia als etwas Organisches, Lebendiges betrachtet werden. Die Mafia passt sich folglich an oder sie stirbt aus, im Laufe ihrer Geschichte hat die Mafia jedoch bewiesen, dass sie überaus anpassungsfähig ist.

Die Genovese-Familie, eine vom sizilianischen Mafioso Giuseppe Morello gegründete und nach dem neapolitanischen *Don* Vito

Genovese benannte Organisation, ist auch heute noch eine der mächtigsten und geheimnisvollsten kriminellen Organisationen in den Vereinigten Staaten. Von den Wurzeln am Ende des 19. Jahrhunderts über die turbulenten und konfliktgeprägten Jahre am Anfang des 20. Jahrhunderts, die Prohibition und den blutigen Mafiakrieg in den 20er und 30er Jahren, die Neustrukturierung in den 40er und 50er Jahren, den internen Verrat in den 60ern bis hin zur intensiven Strafverfolgung der 80er und 90er - die Genoveses haben unglaubliche Widrigkeiten überstanden. Die Kreuzzüge, die unter anderem von Thomas Dewey, Orange Dickie, Robert Kennedy, J. Edgar Hoover und Rudy Giuliani angeführt wurden, haben immense Fortschritte bei der Entmachtung krimineller Organisationen möglich gemacht, doch angesichts der jüngsten Nachrichten müssen wir ehrlich sein: Sie waren Fehlschläge.

Obwohl viele heutzutage glauben mögen, dass die Mafia nur noch als Überbleibsel wilder, gesetzloser Zeiten existiert, die nur in nostalgischen Filmen wie *Der Pate*, *Goodfellas* oder *Donnie Brasco* noch einmal aufleben kann, wird ein signifikanter Teil der Kriminalität Nordamerikas immer noch von *La Cosa Nostra* beherrscht. Und angesichts der Erkenntnis, dass es Jahrzehnte gedauert hat, bis die Existenz der Mafia überhaupt erst öffentlich bekannt wurde, wird sie möglicherweise niemals wirklich verschwinden, auch wenn wir uns das immer wieder eingeredet haben. Vielleicht wird die Mafia sogar für immer ein Faktor des organisierten Verbrechens bleiben. Und vielleicht brauchen wir, bevor die Totenglocken der Mafia final ertönen, einen weiteren jungen, ehrgeizigen Kreuzritter im Dienste des Gesetzes.

QUELLEN

Catanzaro, R. (1986). The mafia. *Italian Politics,* (1), 87-101. https://www.jstor.org/stable/43039574

Catino, M. (2014). How do mafias organize? *European Journal of Sociology, 55*(2), 177–220. https://doi.org/10.1017/s0003975614000095

Closson, T. (2022, August 16). Two of New York's Oldest Mafia Clans Charged in Money Laundering Scheme. *The New York Times.* https://www.nytimes.com/2022/08/16/nyregion/new-york-mob-families-racketeering-charges.html

Cohen, S. (2009, March 8). It's a mob family circus. *New York Post.* https://nypost.com/2009/03/08/its-a-mob-family-circus/

DeStefano, A. M. (2021). *The deadly don: Vito Genovese, mafia boss.* Citadel Press.

Finckenauer, J. O. (2012). *Mafia and Organized Crime.* Simon and Schuster.

Former acting boss of Genovese crime family sentenced in Manhattan federal court to 18 additional months in prison. (2010). United States Attorney Southern District of New York. https://www.justice.gov/archive/usao/nys/pressreleases/March10/leodanielsentencingpr.pdf

Gosch, M. A., & Hammer, R. (2013). *The last testament of Lucky Luciano : The mafia story in his own words.* Enigma Books.

Jacobs, J. B., & Gouldin, L. P. (1999). Cosa Nostra: The final chapter? *Crime and Justice, 25,* 129–189.
https://doi.org/10.1086/449288

Jacobs, J. B., & Peters, E. (2003). Labor racketeering: The mafia and the unions. *Crime and Justice, 30,* 229–282.
https://www.jstor.org/stable/1147700

JFK Assassination Records - Findings. (2016, August 15). National Archives. https://www.archives.gov/research/jfk/select-committee-report/part-1c.html

Miller, W. (Ed.). (2022). *Vito Genovese.* Sage. https://sk-sagepub-com.ledproxy2.uwindsor.ca/reference/socialhistory-crime-punishment/n267.xml

Muller, M. (2005, July 28). *Reputed Genovese family members indicted - Jul 28, 2005.* www.cnn.com; CNN.
https://www.cnn.com/2005/LAW/07/28/mafia.racketeering/index.html

Powell, H. (2015). *Lucky Luciano : the man who organized crime in America.* Barricade Books Inc.

Racketeer Influenced and Corrupt Organizations Act (RICO). (2011, October 10). www.nolo.com;Nolo.
https://www.nolo.com/legal-encyclopedia/content/rico-act.html

Rubinsky, C. (2007, May 9). *Reputed mob boss sentenced in trash case.* www.washingtonpost.com.

https://www.washingtonpost.com/wp-dyn/content/article/2006/06/09/AR2006060900500.html

Raab, S. (2005). *Five families: The rise, decline, and resurgence of America's most powerful Mafia empires.* St. Martin's Press.

Schellie, P. D. (1985). Racketeer influenced and corrupt organizations act. *The Business Lawyer, 40*, (3), 1133-1137. https://www.jstor.org/stable/40686656

The Mob Museum. https://themobmuseum.org/